汽车常见维护与修理项目实训教程

主　编　魏德全
副主编　李东兵

北京理工大学出版社
BEIJING INSTITUTE OF TECHNOLOGY PRESS

版权专有 侵权必究

图书在版编目(CIP)数据

汽车常见维护与修理项目实训教程 / 魏德全主编. —北京：北京理工大学出版社，2018.7
ISBN 978－7－5682－5988－0

Ⅰ.①汽… Ⅱ.①魏… Ⅲ.①汽车-车辆修理-职业教育-教材 Ⅳ.①U472.4

中国版本图书馆 CIP 数据核字(2018)第 170650 号

出版发行 / 北京理工大学出版社有限责任公司	
社　　址 / 北京市海淀区中关村南大街 5 号	
邮　　编 / 100081	
电　　话 / (010)68914775(总编室)	
(010)82562903(教材售后服务热线)	
(010)68948351(其他图书服务热线)	
网　　址 / http://www.bitpress.com.cn	
经　　销 / 全国各地新华书店	
印　　刷 / 北京佳创奇点彩色印刷有限公司	
开　　本 / 787 毫米×1092 毫米　1/16	
印　　张 / 11	责任编辑 / 陆世立
字　　数 / 250 千字	文案编辑 / 陆世立
版　　次 / 2018 年 7 月第 1 版　2018 年 7 月第 1 次印刷	责任校对 / 周瑞红
定　　价 / 36.00 元	责任印制 / 边心超

图书出现印装质量问题,请拨打售后服务热线,本社负责调换

前 言

当前,汽车维修行业已经发生变化。汽车技术日趋成熟,故障率越来越低,汽车维修行业的业务重点已转移到常见维护和修理工作上。对车辆的常见维护和修理能力已经是汽车维修行业对职业院校毕业生的基本要求。

本书面向职业教育编写,以卡罗拉轿车为对象,分9个项目28个工作任务,介绍了卡罗拉轿车的日常维护和修理。在编写过程中,注重以就业为导向,以能力为本位,以实用为原则,以训练学生的职业技能为基本要求,以培养学生的工作能力为最终目的。在结构上,本书以项目、任务为载体组织教学单元,学习目标非常明确。

本书具有以下特点:

1. 采用四色印刷,使得实物图片和现场操作图片能够清晰地向学生展现,方便学生学习。

2. 随书开发的实训操作教学视频及VR动画视频充分考虑到职业院校学生的学习特点和规律,操作步骤详细。在教师的指导下,学生对照实训操作教学视频可独立完成工作任务操作。

3. 针对典型的工作任务,为了保持维护维修作业教学与企业现场一致,教师可对学生进行车辆保养单填写的强化训练,从而使得学生熟悉配件价格和工作费,进一步拓展学生的职业视野。

附录1机动车外观检查表；附录2是车辆保养单；附录3是模拟配件价格和工时费用。

4.为方便教学，本书每个工作任务配置了教学用任务工单，以任务工单为载体实现教学做一体化课堂。

本书配套了多维立体化资源，力求打造立体教材。立体教材是东北师大理想软件股份有限公司采用增强现实技术研发辅助纸质教材的新型教学工具，是通过AR技术与职业教育相结合的教学产品。

本书由魏德全老师担任主编；李东兵老师担任副主编；参与本书编写的还有普布扎西、拉琼、王鹏、石庆国、次仁卓玛、南木加、张光伟、黄大伦；孙雪梅老师担任本书主审。

全书在编写的过程中得到了大庆润达新亚汽车销售服务有限公司技术总监姚斌的技术指导和操作示范，在此表示衷心的感谢。本书既可用作职业教育汽车专业类的专业基础教材，又可作为相关专业的培训用书。

由于编者水平有限，书中难免有错误和不妥之处，敬请读者批评指正。

编　者

目　录

项目一　汽车维护的基础知识 …………………………………………… 1
　　任务一　基础理论知识……………………………………………… 1
　　任务二　举升机的使用……………………………………………… 10
　　任务三　车辆的安全检查与防护…………………………………… 13

项目二　气路保养 ………………………………………………………… 18
　　任务一　清洁气路…………………………………………………… 18
　　任务二　更换空气滤清器…………………………………………… 22

项目三　油路保养 ………………………………………………………… 27
　　任务一　清洗油路…………………………………………………… 27
　　任务二　更换汽油泵与汽油滤清器………………………………… 36

项目四　各油液的更换 …………………………………………………… 41
　　任务一　更换机油…………………………………………………… 42
　　任务二　更换变速箱油……………………………………………… 53
　　任务三　更换防冻液………………………………………………… 58

项目五　行驶系的保养 …………………………………………………… 62
　　任务一　检查轮胎…………………………………………………… 62
　　任务二　轮胎换位…………………………………………………… 68

任务三　检查底盘 ··· 72
　　任务四　四轮定位 ··· 81

项目六　制动系的保养 ·· 89
　　任务一　更换制动液 ··· 89
　　任务二　更换刹车片 ··· 94

项目七　电源系的保养 ·· 99
　　任务一　检查与更换蓄电池 ·· 99
　　任务二　检查与更换发电机 ·· 108

项目八　常见电气元件的更换 ·· 113
　　任务一　更换汽车喇叭 ··· 113
　　任务二　更换电子节气门 ··· 119
　　任务三　更换大灯总成 ··· 125
　　任务四　更换玻璃升降器 ··· 130
　　任务五　更换火花塞 ··· 137
　　任务六　更换喷油器 ··· 141

项目九　常见机械元件的更换 ·· 145
　　任务一　更换发动机皮带 ··· 145
　　任务二　更换减震器 ··· 150
　　任务三　更换半轴 ·· 157
　　任务四　更换轴承 ·· 164

附录1　机动车外观检查表 ··· 167

附录2　车辆保养单 ·· 168

附录3　模拟配件价格和工时费用 ·· 170

项目一 汽车维护的基础知识

任务一 基础理论知识

一、学习目标

1. 了解汽车维护的目的。
2. 了解汽车维修的常用工具。

二、理论知识

(一) 汽车维护的基础理论知识

汽车维护是指定期对汽车相关部件进行检查、清洁、补给、润滑、调整或更换某些零件的预防性工作。

现代的汽车维护主要包含对发动机的进气系统、供油系统、点火系统、润滑系统、冷却系统，以及电源系统、变速箱系统、转向系统和制动系统等的维护保养。

汽车维护的目的是保持车容整洁，技术状况正常，消除隐患，预防故障发生，减缓劣化过程，延长汽车的使用周期。

(二) 汽车维修的常用工具

1. 开口扳手（呆扳手）

（1）结构与功用

开口扳手的特点是使用方便，标准规格的螺栓、螺母均可使用（见图1-1）。

（2）使用要求

①使用时应选用合适的开口扳手，用大拇指抵住扳头，其他四指握紧扳手柄部往身边拉扳，切不可向外推扳，以免将手碰伤。

②扳转时不准在开口扳手上任意加套管或锤击，以免损坏扳手或损伤螺栓（螺母）。

③禁止使用开口处磨损严重的开口扳手，以免损坏螺栓（螺母）的六角。
④不能将开口扳手当撬棒使用。
⑤禁止用水或酸、碱性液体清洗扳手，应用煤油或柴油清洗后再涂上一层薄润滑脂保管。

图1-1　开口扳手

2. 花扳手（梅花扳手）

（1）结构与功用

花扳手的工作部位呈花环状，套住螺母扳转可使六角受力均匀（见图1-2）。花扳手适应性强，扳转力大，适用于拆装所处空间狭小的螺栓（螺母）。对标准规格的螺栓、螺母均可使用花扳手拆装，特别是螺栓（螺母）需用较大力矩拆装时，应使用花扳手。

图1-2　花扳手

（2）使用要求

①使用时，应选用合适的花扳手，轻力扳转时，手势与开口扳手相同；重力扳转时，四指与拇指应上下握紧扳手手柄，往身边扳转。
②扳转时，不准在花扳手上任意加套管或锤击。
③禁止使用内孔磨损严重的花扳手。
④不能将花扳手当撬棒使用。

3. 套筒扳手

（1）结构与功用

套筒扳手由一套尺寸不同的套筒（见图1-3）和一根弓形的快速摇柄组成，对标准规格的螺栓（螺母）均可使用。套筒扳手既适合一般部位螺栓（螺母）的拆装，也适合处于深凹部位和隐蔽狭小部位螺栓（螺母）的拆装。套筒扳手与接杆配合，可加快拆装速度和拆装质量。

图1-3 套筒

（2）使用要求

①使用时根据螺栓、螺母的尺寸选好套筒，套在快速摇柄的方形端头上（视需要与长接杆或短接杆配合使用），再将套筒套住螺栓（螺母），转动快速摇柄进行拆装。

②用棘轮手柄扳转时，不准拆装过紧的螺栓（螺母），以免损坏棘轮手柄。

③拆装时，握快速摇柄的手切勿摇晃，以免套筒滑出或损坏螺栓（螺母）的六角。

④禁止用锤子将套筒击入变形的螺栓（螺母）的六角进行拆装，以免损坏套筒。

⑤禁止使用内孔磨损严重的套筒。

⑥工具用毕，应清洗油污，妥善放置。

4. 扭力扳手

（1）结构与功用

如图1-4所示，通常使用的扭力扳手有预调式和指针式两种形式。一般用于有规定拧紧力矩的螺栓（螺母）的拆装，如缸盖、曲轴主轴承盖和连杆盖等部位螺栓（螺母）的拆装。

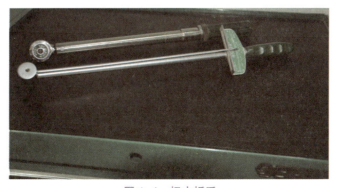

图1-4 扭力扳手

（2）使用要求

①拆装时用左手把住套筒，右手握紧扭力扳手手柄往身边扳转。禁止往外推，以免滑脱而损伤身体。

②对要求拧紧力矩较大，且工件较大、螺栓数较多的螺栓（螺母）时，应分次按一定顺序拧紧。

③拧紧螺栓（螺母）时，不能用力过猛，以免损坏螺纹。

④禁止使用无刻度盘或刻度线不清的扭力扳手。

⑤拆装时，禁止在扭力扳手的手柄上再加套管或用锤子锤击。

⑥使用扭力扳手后应擦净油污，妥善放置。

⑦预调式扭力扳手使用前应做好调校工作，用后应将预紧力矩调到零位。

5. 活扳手

（1）结构与功用

如图1-5所示，活扳手由固定和可调两部分组成，扳手的开度大小可以调整。活扳手一般用于不同尺寸的螺栓（螺母）的拆装。

图1-5 活扳手

（2）使用要求

①使用活扳手时，应根据螺栓（螺母）的尺寸先调好活扳手的开口，使其与螺栓（螺母）的六角一致。

②扳转时，应使固定部分承受拉力，以免损坏活动部分。

③扳转时，不准在活扳手的手柄上随意加套管或锤击。

④禁止将活扳手当锤子使用。

6. 火花塞套筒

（1）结构与功用

火花塞套筒属薄壁长套筒，为火花塞的专用拆装工具（见图1-6）。

项目一 汽车维护的基础知识

图1-6 火花塞套筒

（2）使用要求

①使用时，根据火花塞的装配位置及火花塞六角的尺寸选用不同高度和径向尺寸的火花塞套筒。

②拆装火花塞时，应套正火花塞套筒再扳转，以免套筒滑脱。

③扳转火花塞套筒时，不准随意加长手柄，以免损坏套筒。

7. 螺钉旋具

（1）结构与功用

螺钉旋具俗称起子，常用的有一字形和十字形两种，如图1-7所示。按照材料分，螺钉旋具有木柄和塑料柄之分；按照型式划分，木柄螺钉旋具分为普通式和穿心式两种，后者能承受较大的扭矩，并可在尾部做适当的敲击。塑料柄螺钉旋具具有良好的绝缘性能，适于电工使用。

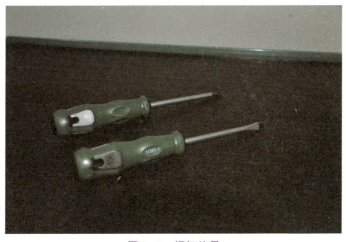

图1-7 螺钉旋具

5

（2）使用要求

①应根据螺钉形状、大小选用合适的螺钉旋具。

②使用时螺钉旋具不可偏斜，扭转的同时施加一定压力，以免旋具滑脱。

③使用时手心应顶住柄端，并用手指旋转旋具手柄。如使用较长的螺钉旋具，左手应把住旋具的前端。

④螺钉旋具或工件上有油污时应擦净后再用。

⑤禁止将螺钉旋具当撬棒或錾子使用。

8. 钳子

（1）结构与功用

如图1-8所示，汽车拆装中常用的是鲤鱼钳和尖嘴钳，一般用于切断金属丝，夹持或弯曲小零件。

图1-8　钳子

（2）使用要求

①使用前，应先擦净油污。根据需要选用尖嘴钳或鲤鱼钳。

②禁止将钳子当扳手、撬棒或锤子使用。

③不准用锤子击打钳子。

④禁止用钳子夹持高温机件。

9. 锤子

（1）结构与功用

锤子按锤头形状分为圆头、扁头及尖头3种；按锤头材料分有铁锤、木槌和橡胶锤等。锤子主要用来敲击物件，如图1-9所示。

项目一　汽车维护的基础知识

图 1-9　锤子

（2）使用要求

①使用时，应握紧锤柄的有效部位，锤落线应与铜棒的轴线保持相切，否则易脱锤而造成安全问题。

②锤击时，眼睛应盯住铜棒的下端，以免击偏。

③禁止用锤子直接锤击机件，以免损坏机件。

④禁止使用锤柄断裂或锤头松动的锤子，以免锤头脱落伤人。

10. 铜棒

（1）结构与功用

如图 1-10 所示，铜棒用较软的金属制成，其功用是避免锤子与机件直接接触，保护机件在拆装中不受损伤。

图 1-10　铜棒

（2）使用要求

①不准将铜棒当撬棒使用，以免弯曲。

②不准推磨铜棒，以免损坏。

③禁止将铜棒加温后使用，以免改变其材料性质。

11. 千斤顶

（1）结构与功用

千斤顶（见图1-11）是一种起重高度小(小于1m)的最简单的起重设备。它有机械式和液压式两种。

机械式千斤顶又分为齿条式与螺旋式两种，由于起重量小，操作费力，一般只用于机械维修工作，在修桥过程中不适用。

液压式千斤顶结构紧凑，工作平稳，有自锁作用，故使用广泛。其缺点是起重高度有限，起升速度慢。

图1-11 千斤顶

（2）使用要求

①使用前应先检查千斤顶的安全性能，根据部件的磨损、损坏程度，判定其是否可用。

②使用时应设置在平整、坚实的支垫上，并与荷重面垂直；顶升时必须掌握重心，防止倾倒。

③不得在无人看管的情况下长时间承重，严禁超载。

基础理论知识任务工单

姓名		学号		成绩	

1. 名称：_____

2. 名称：_____

3. 名称：_____

4. 名称：_____

5. 名称：_____

6. 名称：_____

7. 名称：_____

8. 名称：_____

9. 名称：_____

10. 名称：_____

11. 名称：_____

12. 名称：_____

13. 名称：_____

14. 名称：_____

15. 名称：_____

指导教师签字：_____

任务二　举升机的使用

一、学习目标

1. 了解汽车维修举升机的基本类型。
2. 掌握汽车维修举升机的使用方法。

二、理论知识

现代汽车维修企业广泛使用的举升机类型有：单柱、双柱（两柱）、龙门、子母大剪、超薄双剪、地藏剪式举升机和移动举升机等。举升机是汽车修理行业内最关键、最重要的大型工具，为维修汽车、轮胎定位矫正等提供了极大的帮助。

三、任务实施

（1）使用前应清除举升机附近妨碍作业的器具及杂物（见图1-12），并检查操纵手柄、安全保险装置和液压装置等是否正常。

图1-12　确保待举升车辆周围无障碍物

（2）待升举的车辆驶入后，应将举升机垫块调整移动对正该型车辆规定的可承力部位。如图1-13和图1-14所示。支撑时应保持车辆的相对平衡后才能按上升按钮。

图1-13　放置举升垫块（1）
（前部垫块应放在前翼子板后侧）

图1-14　放置举升垫块（2）（同侧）

（3）举升机应由一个人操作，升、降前都应向在场人员发出信号，升举时人员应离开车辆，升举到需要的高度时，必须锁止举升机，确认安全可靠后才可开始车底作业。如图1-15和图1-16所示。

图1-15　准备举升车辆

图1-16　车辆举升

（4）有人作业时严禁升降举升器。

（5）作业完毕应切断电源（见图1-7），清除杂物，打扫举升器周围的场地，以保持整洁。

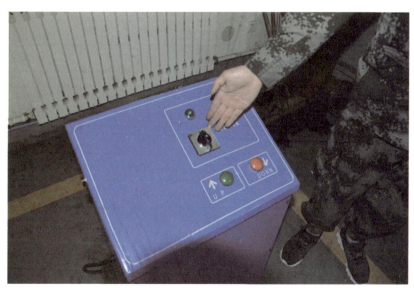
图1-17　关闭电源

（6）定期（半年）排除举升机储油缸积水，并检查油量，应认真按润滑面要求进行注油。

（7）严格执行限载规定。如果发现举升机有异常现象，应立即停车，派专职修理人员排除故障。

举升机的使用任务工单

姓名		学号		成绩	

1. 举升机的类型有：_____
   _____

2. 使用前的检查内容：_____
   _____

3. 举升前的检查内容：_____
   _____

4. 作业后的工作内容：_____
   _____

5. 记录下教师讲解的关键注意事项：_____
   _____
   _____
   _____

实施	将车辆举升 → 锁止 → 再降落。
注意	举升车辆前，必须经教师检查确认后方可操作。

检查评估			
序号	考核内容	配分	得分
1	工装是否符合标准	25	
2	使用前检查	25	
3	锁止是否正确	25	
4	工单填写情况	10	
5	作业后检查	15	

指导教师签字：_____

更换汽油泵和汽油滤清器任务工单

任务名称	更换汽油泵和汽油滤清器	学　　时		班　　级	
学生姓名		学生学号		成　　绩	
实训设备		实训场地		日　　期	
客户任务	某17款卡罗拉轿车1年以上没有使用。起动发动机运转约2 min之后，发动机自动熄火。再起动，则无法起动。经维修人员检查，电动燃油泵断路，诊断结果为油泵烧坏。更换新油泵后，再次起动发动机短暂运转之后又自动熄火。经过测量，电动燃油泵又烧损。维修人员诊断汽油长时间存放会产生大量的胶质沉淀，导致汽油滤清器堵塞，电动汽油泵失去润滑冷却而烧损。现需要更换电动汽油泵和汽油滤清器，并清洗油箱。为什么要如此操作，请向车主给予合理的解释。				
任务目的	1.了解汽油滤清器的作用； 2.了解汽油滤清器更换间隔里程； 3.熟悉汽油滤清器、汽油泵更换的注意事项； 4.能够单独完成汽油滤清器及汽油泵更换的操作。				

一、资讯

　1.汽油泵的安装位置在_____

　2.汽油滤清器安装位置在_____

　3.汽油滤清器的作用是滤除汽油中的_____

　4.如何区分供油管和回油管？_____

二、决策

　17款卡罗拉轿车汽油滤清器更换间隔里程是_____公里，如果汽油滤清器过脏可能会导致汽油泵_____，还可能对发动机造成_____的影响，维修人员提出更换电动汽油泵和汽油滤清器，并清洗油箱_____（合理/不合理）。

三、计划

　1.如果要更换汽油泵和汽油滤清器，需要做哪些准备？

　（1）设备：_____

　（2）工具：_____

　（3）零部件：_____

　（4）耗材：_____

　2.更换汽油泵和汽油滤清器的操作步骤有哪些？

_____

_____

_____

四、实施

　根据操作注意事项，回答下列问题。

　1.拆卸油路之前，对燃油系统_____（需要/不需要）泄压。

　2.拆卸油泵需要使用_____工具。

续表

五、检查

根据操作流程，对操作过程进行如下检查，并做好记录。

1. 分解油路之前，是否进行泄压？_____
2. 安装好汽油泵及滤清器后，油箱密封性如何？_____
3. 安装好油管后，油管是否牢固到位？_____
4. 操作后，起动发动机检查是否正常？_____
5. 作业过程中的 5S 情况。不足之处 _____

六、评估

序号	考核内容	配分	得分
1	工装	10	
2	作业前的准备工作	10	
3	安全泄压	40	
4	更换作业	20	
5	作业后场地 5S 情况	10	
6	任务工单完成情况	10	

指导教师签字：_____

项目四 各油液的更换

汽车正常运行离不开各种油液,常用的汽车油液有发动机油、变速箱油、差速器油、防冻冷却液、制动液、助力转向液和电解液等。这些油液都不能永久使用,需要在使用一段时间以后进行更换。

1. 发动机油

机油即发动机润滑油,它能对发动机起到润滑减磨、辅助冷却降温、密封防漏、防锈防蚀和减震缓冲等作用。被誉为汽车的"血液",一般都是每5 000公里或是半年为一周期,哪个先到以哪个为准。

2. 变速箱油

变速箱油的主要作用是对传动装置进行润滑,但根据各类汽车参数的不同,厂商都会指定专用的变速箱油。而由于变速箱的结构不同,变速箱又分为手动变速箱和自动变速箱。自动变速箱油在一般正常行驶情况下每12万公里更换一次,在恶劣行驶情况下每6万公里更换一次。手动变速箱油又称为齿轮油,一般正常行驶情况下2年或者6万公里更换一次。

3. 防冻冷却液

防冻冷却液的主要作用是在夏天通过循环流动降低水箱的温度,为水泵节温器及其他部件提供润滑作用;防止在寒冷季节停车时冷却液结冰而导致散热器胀裂和冻坏发动机气缸体。一般建议每两年更换一次。

4. 制动液

制动液(见图4-1)又称刹车油,是制动系统制动不可缺少的部分,关系着行车安全,一般建议每2年更换一次。

5. 助力转向液

并不是所有的汽车都需要助力转向液,它只针对

图4-1 制动液

那些具有电动助力转向系统的汽车,一般汽车厂商并没有对其更换周期进行明确规定,不过为防止转向助力油过脏或变质,建议2年或3万公里更换一次转向助力油。

6. 电解液

电解液指的是汽车电瓶中的液体,它在电池中正负极之间起到传导电子的作用,是锂离子电池的重要组成部分。如果电瓶没电了,通过更换电解液是解决不了问题的。电瓶没电了需直接换新的电瓶,汽车电瓶的更换周期一般为2~3年。

任务一 更换机油

一、学习目标

1. 掌握更换机油及机油滤清器的方法。
2. 学会选择机油牌号。

二、理论知识

(1)更换里程:建议5 000公里或6个月。

(2)机油牌号:"S"开头系列代表汽油发动机用油,从"SA"一直到"SL",每递增一个字母,机油的性能越高。机油牌号有含字母W和不含字母W两组黏度系列。如图4-2所示,SAE15W-40、SAE5W-40,"W"表示winter(冬季),其前面的数字越小说明机油的低温流动性越好,代表可供使用的环境温度越低,在冷启动时对发动机的保护能力越好;"W"后面(横线后面)的数字则是机油耐高温性的指标,数值越大说明机油在高温下的保护性能越好。

图4-2 机油的牌号

(3)机油牌号的选择:机油牌号的选择要结合当地的温度(见图4-3)。

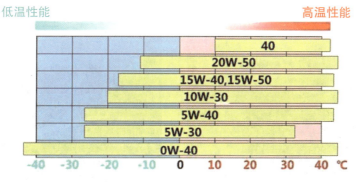

图 4-3　机油牌号的选择

三、需要的工具和设备

1. 机油（见图4-4）

图 4-4　机油

2. 机油滤清器（见图4-5）

图 4-5　机油滤清器

3. 机油收集器（见图4-6）

图 4-6　机油收集器

4. 专用机油滤清器扳手（见图4-7）

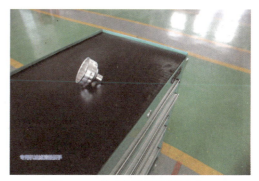

图 4-7　专用机油滤清器扳手

5. 套筒扳手（见图4-8）

图4-8　套筒扳手

6. 梅花扳手（见图4-9）

图4-9　梅花扳手

7. 扭力扳手（见图4-10）

图4-10　扭力扳手

8. 防油手套、抹布和吸油纸（见图4-11）

图4-11　防油手套、抹布和吸油纸

9. 防护三件套（见图4-12）

图4-12　防护三件套

10. 车轮挡块（见图4-13）

图4-13　车轮挡块

四、任务实施

（一）检查机油压力开关

（1）将点火开关置于"ON"位置，不起动发动机，观察机油警报灯应点亮，如图 4-14 所示。

图 4-14　点火开关 ON 挡机油报警指示灯亮

（2）起动发动机，观察机油警报灯应熄灭。如图 4-15 所示。

（3）断开机油压力开关连接器，发动机运转时，测量机油压力开关电阻，电阻应为无穷大。如图 4-16 所示。

图 4-15　启动发动机，机油报警指示灯熄灭

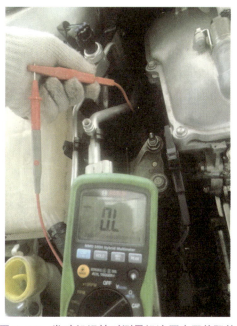

图 4-16　发动机运转时测量机油压力开关阻值

（4）将点火开关置于"OFF"位置，断开机油压力开关连接器，发动机静态时，测量机油压力开关电阻，电阻应接近0Ω。如图4-17所示。

图4-17 点火开关关闭时测量机油压力开关阻值

(二) 更换机油

1. 准备工作

（1）准备车辆、场地

要求车辆周围无障碍，场地地面平整坚实。车辆变速器置于P挡（见图4-18）。拉起手刹（见图4-19）。

图4-18 变速器置于P挡

图4-19 拉起手刹

（2）安装好防护三件套（见图4-20）。

（3）放置车轮挡块。放置车轮挡块，分前后至少卡住一个车轮（见图4-21）。

图4-20　安装防护三件套

图4-21　放置车轮挡块

（4）安装尾气排放装置（见图4-22）。

（5）打开发动机舱盖，安装好翼子板布和格栅布（见图4-23）。

图4-22　尾气连接

图4-23　安装翼子板布和格栅布

（6）进行更换机油前车辆的基本检查。

① 测量蓄电池静态电压，其应 ≥ 11.5V。

② 检查刹车油位置、防冻液位置等。

③ 检查发动机舱内线束、插接头连接是否牢固。

④ 检查发动机皮带有无磨损、开裂。

⑤ 打开发动机舱盖，拉出油尺，擦干净，然后全部插回去；再次拉出机油标尺，检查油量，油量应在"F"与"L"之间。最后插回机油标尺。机油标尺在发动机中的位置如图4-24所示。

2. 拆卸机油加注口盖

在拆卸前，先用干净的抹布清洁加注口盖及周围，用手拧下机油加注口盖后再用抹布清洁加注口盖侧面，用干净的抹布对加注口遮挡防护，防止异物进入。如图 4-25 所示。

图 4-24　机油标尺位置

图 4-25　打开机油加注口盖

3. 举升车辆

（1）在车辆停靠到指定位置的基础上，放置举升机垫块。

（2）操纵举升机，当车轮离开地面，停止举升并以一定的力量按动车辆前后部，检查车身是否稳固。

（3）在车身稳定的情况下，继续操纵举升机，将车辆举升到适合操作的位置。

4. 发动机机油的排放

（1）将机油收集器的两个阀门设置在开启状态，将机油收集器移动到发动机下端并对准放油孔的位置，如图 4-26 所示。

图 4-26　收集器停放位置

（2）先用梅花扳手旋松油底壳上的放油螺塞，再用棘轮扳手拆卸放油螺塞。最后用手快速取下放油螺塞。在操作中应小心机油烫伤。

（3）等待机油排放干净。

5. 放油螺塞的安装

（1）将放油螺塞密封圈取下。

（2）用干净的抹布清洁放油螺塞密封圈的凹槽处。

（3）取新的密封圈，安装在放油螺塞密封圈的凹槽处，并对新密封圈涂抹新机油，注意不应过量。

（4）先用手带进放油螺塞，再用棘轮扳手快速带进放油螺塞，最后用扭力扳手和T45套筒将放油螺塞拧紧至14 N·m的力矩。

6. 机油滤清器的拆卸

将机油收集器移动至机油滤清器下方。使用机油滤清器拆装工具（见图4-27）拆卸机油滤清器。

图4-27 机油滤清器扳手
(a) 手铐式；(b) 皮带式；(c) 爪式

7. 安装新机油滤清器

（1）检查并清洁机油滤清器的安装表面。

（2）确认原机油滤清器的O形密封圈已经不在缸体上。

（3）对比新旧机油滤清器，确定型号规格一致。

（4）将新机油滤清器加满机油。

（5）用发动机机油涂抹在新机油滤清器的O形密封圈上。

（6）使用机油滤清器扳手按照维修手册中的规定力矩拧紧机油滤清器，移走机油收集器。

8. 发动机机油的加注

（1）将机油的型号和级别记录在保养单上的相应位置。

（2）将本次机油更换车辆的行驶里程填入保养单。

（3）去掉遮挡抹布，将新机油从机油加注口缓慢加入，加注约 3.8L 停止。拉出机油尺查看机油位置，应在上下刻线之间。若此时机油位置低于下刻线则表示机油量不足，需要补充机油。

（4）拧紧机油加注口盖。

9. 降下车辆

操纵举升机，将车辆降至地面。

10. 发动机机油泄漏的检查与热补

（1）起动车辆，如果机油压力报警灯在起动后 3s 内不熄灭，应立即关闭点火开关，进一步检查排除故障。

（2）发动机起动后，用灯光照射机油滤清器处，不应有机油渗漏。

（3）关闭点火开关，将车辆升举至适合观察的高度，观察放油螺塞附近和地面，不应有机油泄漏痕迹。

（4）将车辆降落。重新拉出机油标尺检查机油液面高度，机油量不足应再添加补充机油，直到合适位置。

11. 车辆和场地恢复

拆卸尾气排放装置、车外三件套，盖好发动机舱盖，撤走车轮挡块，将车辆安全驶出举升机至停车位，拆除车内三件套。清洁与清点好工具，打扫好地面卫生。

更换机油任务工单

任务名称	更换机油	学　　时		班　　级	
学生姓名		学生学号		成　　绩	
实训设备		实训场地		日　　期	
客户任务	某17款卡罗拉轿车距离上次更换机油行驶里程6 000公里，现客户提出更换机油，是否予以更换？并给予合理的解释。				
任务目的	1. 了解机油的型号； 2. 了解机油更换间隔里程； 3. 熟悉机油更换的注意事项； 4. 能够单独完成机油更换的操作。				

一、资讯

　　1. 机油型号的含义是_____

　　2. 机油的作用是_____

　　3. 机油的种类有_____

　　4. 如何选用机油的型号？_____

　　5. 机油滤清器的作用是_____

二、决策

　　17款卡罗拉轿车机油滤清器更换间隔里程是_____公里，如果不更换机油可能会导致发动机发生_____的现象或故障，客户提出更换机油_____（合理/不合理）。

三、计划

　　1. 如果需要更换机油，需要做哪些准备？

　　（1）设备：_____

　　（2）工具：_____

　　（3）零部件：_____

　　（4）耗材：_____

　　2. 更换机油的操作步骤有哪些？

_____

_____

_____

四、实施

　　根据操作注意事项，回答下列问题。

　　1. 新机油的牌号是_____

　　2. 为什么要先拆卸机油加注口盖？_____

　　3. 在拆卸机油加注口盖前，_____（是/否）需要清洁加注口盖及周围。

　　4. 拆卸机油滤清器使用的工具是_____

　　5. 安装新的机油滤清器时，为什么要对O形密封圈涂抹新机油？_____

　　6. 油底壳放油螺塞的拧紧力矩是_____

续表

五、检查

根据操作流程，对操作过程进行如下检查，并做好记录。

1. 机油添加至机油尺刻线的什么位置？_____

2. 油底壳放油螺塞的拧紧力矩是否达到标准？_____

3. 起动车辆，检查是否有漏油现象？_____

六、评估

序号	考核内容	配分	得分
1	工装	10	
2	作业前的准备工作	10	
3	机油更换过程	40	
4	有无烫伤	20	
5	作业后场地 5S 情况	10	
6	任务工单完成情况	10	

指导教师签字：_____

任务二　更换变速箱油

一、学习目标

1. 了解汽车变速箱油的作用。
2. 能够独立进行变速箱油的更换。

二、理论知识

变速箱油又叫自动变速器油（简称 ATF 油）。其作用主要是经过电控、液控体系传递压力和运动，完成对各换挡元件的操作；经过液力变矩器将发起机动力传递给变速器；清洗运动零件并起密封效果；将变速器中的热量带出传递给冷却介质。

三、需要的工具和设备

更换汽车变速箱油作业需要的工具有扳手、方盘等；设备有自动变速箱油清洗交换机，如图 4-28 所示。

图 4-28　自动变速箱油清洗交换机

四、任务实施

第一步：检查自动变速箱油位。先拔出变速箱油尺，如图 4-29 所示，然后检查变速箱油液液位，如图 4-30 所示。

图 4-29　拔出变速箱油尺

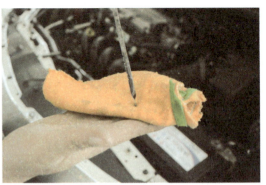

图 4-30　检查变速箱油液液位

第二步：升起车辆，打开防油螺栓，放掉变速箱油液。拆卸变速箱放油螺栓如图 4-31 所示。

第三步：拆卸变速箱油底壳，取出变速箱油液集滤器。如图 4-32 和图 4-33 所示。

图 4-31　拆卸变速箱放油螺栓

图 4-32　拆卸变速箱油底壳

图 4-33　拆卸变速箱油液集滤器

第四步：更换集滤器，清洁油底壳并安装，如图4-34所示。

图4-34　清洁油底壳

第五步：连接自变箱油清洗交换洗机。图4-35为连接变速箱油液管路。

图4-35　连接变速箱油液管路

第六步：开启机器，加注新的自动变速箱油液，如图4-36所示。

图4-36　加注新油液

第七步：检查自动变速箱的油位，确认无泄漏。

更换变速箱油任务工单

任务名称	更换变速箱油	学 时		班 级	
学生姓名		学生学号		成 绩	
实训设备		实训场地		日 期	
客户任务	某17款卡罗拉轿车距离上次更换机油行驶里程4万公里,现客户提出要更换变速箱油,是否予以更换?并给予合理的解释。				
任务目的	1. 了解变速箱油的作用; 2. 了解变速箱油更换间隔里程; 3. 熟悉变速箱油更换的注意事项; 4. 能够单独完成变速箱油更换的操作。				

一、资讯

  1. 变速箱的位置是_____

  2. 变速箱的作用是_____

  3. 变速箱油的作用是_____

二、决策

  17款卡罗拉轿车变速箱油更换间隔里程是_____公里,如果不更换变速箱油可能会导致_____的现象或故障,客户提出更换变速箱油_____(合理/不合理)。

三、计划

  1. 如果要更换变速箱油,需要做哪些准备?

  (1)设备:_____

  (2)工具:_____

  (3)零部件:_____

  (4)耗材:_____

  2. 更换变速箱油的操作步骤有哪些?

_____

_____

_____

四、实施

  根据操作注意事项,回答下列问题。

  1. 操作前自动变速箱油位是否正常?_____

  2. 拆卸变速箱放油螺栓需要的工具和型号是_____

  3. 查阅维修手册,变速箱放油螺栓的规定拧紧力矩是_____

续表

五、检查
根据操作流程,对操作过程进行如下检查,并做好记录。
1. 添加后的变速箱油位置是_____
2. 放油螺塞的拧紧力矩是否达到标准?_____
3. 检查是否有漏油现象?_____

六、评估

序号	考核内容	配分	得分
1	工装	15	
2	作业前的准备工作	15	
3	变速箱油的更换过程	40	
4	作业后场地 5S 情况	20	
5	任务工单完成情况	10	

指导教师签字:_____

任务三　更换防冻液

一、学习目标

1. 了解汽车发动机防冻液的作用。
2. 能够独立进行发动机防冻液的更换。

二、理论知识

汽车防冻液的沸点一般较高。水的沸点是100℃，优质防冻液的沸点通常在130℃，这样在夏季使用时，防冻液比水吸热能力更好。发动机及其冷却系统是金属制造的，具体包括铜、铁、铝、钢，还有焊锡。这些金属在高温下与冷却水接触，会产生腐蚀，而防冻液不仅不会对发动机冷却系统造成腐蚀，其还具有防腐蚀、除锈功能。防冻液可以防垢，也就是防水碱。用水作冷却液易产生水垢问题。水垢附着在水箱、水套的金属表面，使散热效果越来越差，而且清除起来也很困难。优质的防冻液采用蒸馏水制造，并加有防垢添加剂，因此不仅不生水垢还具有除垢功能。

三、需要的工具和设备

更换汽车防冻液作业需要的工具有钳子（见图4-37）、方盘（见图4-38）、防冻液等；设备有检漏仪。

图4-37　尖嘴钳子

图4-38　方盘

四、任务实施

第一步：等待车辆冷却。切勿在发动机处于高温的状态下更换防冻液。

操作提示：刚行驶过的热车在熄火后30 min，水温就会明显下降。查看发动机水温，如图4-39所示。

图 4-39　查看发动机水温

第二步：升起车辆，拧开散热器底部的放水螺栓（见图 4-40），放掉防冻液。

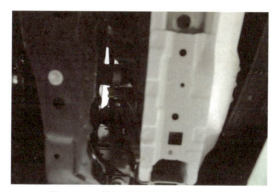

图 4-40　拧开散热器上的放水螺栓

第三步：拧紧放水螺栓，降下车辆，加注新的防冻液。

操作提示：一般车辆防冻液加注量大约 3.5L，视车型而定。

第四步：起动车辆，怠速运转进入正常工作温度，之后再关闭发动机，打开储液罐会发现液面高度有所降低，再添加适量的防冻液使其液面保持在 Max 和 Min 之间即可。如图 4-41 所示。

图 4-41　查看冷却液液位

更换防冻液任务工单

任务名称	更换防冻液	学　时		班　级	
学生姓名		学生学号		成　绩	
实训设备		实训场地		日　期	
客户任务	某17款卡罗拉轿车距离上次更换机油行驶里程4万公里，现客户提出要更换防冻液油，是否予以更换？并给予合理的解释。					
任务目的	1. 了解防冻液的作用； 2. 了解防冻液的更换间隔里程； 3. 熟悉防冻液更换的注意事项； 4. 能够单独完成防冻液更换的操作。					

一、资讯

　　1. 散热器的位置是_____

　　2. 防冻液的作用是_____

　　3. 不同型号、品牌的防冻液是否可以混用？_____

二、决策

　　17款卡罗拉轿车防冻液更换间隔里程是_____公里，如果不更换防冻液可能会导致发动机_____的现象或故障，客户提出更换变速箱油_____（合理/不合理）。

三、计划

　　1. 如果要更换防冻液，需要做哪些准备？

　　（1）设备：_____

　　（2）工具：_____

　　（3）零部件：_____

　　（4）耗材：_____

　　2. 更换防冻液的操作步骤有哪些？

_____

_____

_____

四、实施

　　根据操作注意事项，回答下列问题。

　　1. 车辆入厂，可以马上更换防冻液吗？_____，为什么？_____；如果在高温时打开储液罐盖，可能会发生_____事故。

　　2. 操作前防冻液位是否正常？_____

　　3. 防冻液从哪里放出？_____

　　4. 防冻液从哪里添加？_____

　　5. 防冻液需要添加至什么位置？_____

续表

五、检查

根据操作流程,对操作过程进行如下检查,并做好记录。

1. 放水前,是否熄火等待发动机冷却?_____(是/否)
2. 放水后,是否拧紧放水螺栓?_____(是/否)
3. 加注防冻液后,是否起动车辆至怠速后关机补充防冻液?_____(是/否)
4. 作业后,防冻液位置是否正常?_____(是/否)
5. 作业后检查是否有漏水现象?_____(是/否)

六、评估

序号	考核内容	配分	得分
1	工装	15	
2	作业前的准备工作	15	
3	防冻液的更换过程	40	
4	作业后场地 5S 情况	20	
5	任务工单完成情况	10	

指导教师签字:_____

项目五 行驶系的保养

汽车行驶系的主要作用是将汽车构成一个整体，支承汽车总质量；将传动系传来的转矩转化为汽车行驶的驱动力；承受并传递路面作用于车轮上的各种反作用力及力矩；减少振动，缓和冲击，保证汽车平稳行驶。汽车行驶系的保养直接关系到汽车的操控性、舒适性、安全性，其重要性不言而喻。

任务一　检查轮胎

一、学习目标

1. 了解汽车轮胎的相关知识。
2. 能够独立进行汽车轮胎的保养。

二、理论知识

轮胎规格，是轮胎几何参数与物理性能的标志数据。不同规格的轮胎对于整车的性能表现以及舒适性都会产生影响。如图 5-1 所示。

图 5-1　轮胎规格示意图

如图 5-2 所示，轮胎规格为 195/65R15 91V，其中 195 表示轮胎的宽度为 195mm；65 表示轮胎的断面高度与宽度的百分比为 65%，即轮胎的扁平比；"R"代表单词 Radial，表示是子午轮胎；15 表示轮辋的直径为 15 英寸；91 表示负荷指数；V 则表示轮胎的车速等级。

图 5-2　轮胎规格符号

三、需要的工具和设备

检查轮胎作业所需工具有胎纹深度尺（见图 5-3）、胎压表（见图 5-4）、清洁防护工具和抹布。

图 5-3　轮胎深度尺

图 5-4　胎压表

四、任务实施

检查轮胎，其操作步骤如下：

第一步：操作前准备工作。

（1）放置车轮挡块，如图 5-5 所示。

（2）安装座椅套、转向盘套和脚垫。

（3）安装翼子板布。

第二步：拉紧驻车制动操纵杆，如图 5-6 所示。

图 5-5　放置车轮挡块

图 5-6　拉紧驻车制动操纵杆

第三步：将换挡杆置于 P 位，如图 5-7 所示。

第四步：检查方向盘是否在中正位置，如图 5-8 所示。

图 5-7　将换挡杆置于 P 位

图 5-8　检查方向盘

第五步：检查车辆停放位置。目视检查车身前后、左右有无倾斜（是否水平）。如图 5-9 和图 5-10 所示。

图 5-9　车辆前后倾斜检查

图 5-10　车辆左右倾斜检查

第六步：检查轮辋。目视检查左前轮辋是否过度变形损坏或腐蚀，如图 5-11 所示。

第七步：检查胎压。如图 5-12 所示。

项目五　行驶系的保养

图 5-11　轮辋检查　　　　　　　图 5-12　胎压检查

操作提示：检查实车安装轮胎型号是否与车辆铭牌要求一致，检查同轴两侧车轮轮胎花纹是否一致，目视检查左前轮胎是否有裂纹、损坏、异常磨损或异物。

第八步：检查轮胎沟槽深度，如图 5-13 所示。

扫一扫　图 5-13　检查轮胎沟槽深度

操作提示：检查同轴两侧车轮轮胎花纹一致时，必须目测比较。每个车轮检查时，必须由单人独立完成。测量每个车轮同一位置中间沟槽的深度，如有偶数沟槽任选中间一个，但 4 个车轮要求一致，沟槽之间的深度差应满足定位要求，并且需要记录值。

检查轮胎任务工单

任务名称	检查轮胎	学　　时		班　　级	
学生姓名		学生学号		成　　绩	
实训设备		实训场地		日　　期	
客户任务	某17款卡罗拉轿车来店检查轮胎,现需要对轮胎进行检查。				
任务目的	1. 了解轮胎更换淘汰的标准; 2. 了解胎压的检查方法; 3. 熟悉轮胎检查的注意事项; 4. 能够单独完成轮胎检查的操作。				

一、资讯

　　1. 轮胎的型号含义是_____

　　2. 轮胎花纹磨损的使用极限是_____

　　3. 不同花纹、不同新旧程度的轮胎混用会造成哪些影响?_____

_____

　　4. 轮毂的材质有_____和_____两种?本车属于_____种。

　　5. 如果胎压过低,有什么不良影响?_____

　　6. 如果胎压过高,有什么不良影响?_____

二、决策

　　根据本任务的最终检查结果,确定要向客户建议的维修作业计划,本车轮胎存在的问题有:_____

_____

_____

三、计划

　　1. 如果要检查轮胎,需要做哪些准备?

　　(1)设备:_____

　　(2)工具:_____

　　(3)零部件:_____

　　(4)耗材:_____

　　2. 检查轮胎的操作步骤有哪些?

_____

_____

_____

续表

四、实施
根据操作注意事项，回答下列问题。
1. 车辆轮胎型号是＿＿＿＿＿＿＿＿＿＿＿＿＿＿＿＿＿＿＿＿＿＿＿＿＿＿＿＿＿＿＿
2. 轮胎规定胎压是＿＿＿＿＿＿，左前轮实际胎压是＿＿＿＿＿＿，右前轮实际胎压是＿＿＿＿＿＿，左后轮实际胎压是＿＿＿＿＿＿，右后轮实际胎压是＿＿＿＿＿＿。
3. 轮胎沟槽深度左前轮实际值是＿＿＿＿＿＿，右前轮实际值是＿＿＿＿＿＿，左后轮实际值是＿＿＿＿＿＿，右后轮实际值是＿＿＿＿＿＿。

五、检查
根据操作流程，对操作过程进行如下检查，并做好记录。
1. 车辆前后、左右是否水平？＿＿＿＿＿＿（是 / 否）
2. 检查实车安装轮胎型号是否与车辆铭牌要求一致？＿＿＿＿＿＿（是 / 否）
3. 轮辋是否过度变形损坏或腐蚀？＿＿＿＿＿＿（是 / 否）
4. 胎压是否正常？＿＿＿＿＿＿（是 / 否）
5. 轮胎是否有裂纹、损坏、异常磨损或异物？＿＿＿＿＿＿（是 / 否）
6. 轮胎沟槽深度是否符合使用标准？＿＿＿＿＿＿（是 / 否）

六、评估

序号	考核内容	配分	得分
1	工装	15	
2	作业前的准备工作	15	
3	轮胎的检查过程	40	
4	作业后场地 5S 情况	20	
5	任务工单完成情况	10	

指导教师签字：＿＿＿＿＿＿＿＿＿

任务二　轮胎换位

一、学习目标

1. 了解汽车轮胎换位的相关知识。
2. 能够独立进行汽车轮胎换位的操作。

二、理论知识

因为车身的重量并非平均分摊在4个轮胎上，经常换位有助于保证轮胎的均匀磨损，从而延长轮胎的使用寿命。通常前轮驱动的车辆每行驶8 000公里时应做换位，而四轮驱动车辆则需要在每6 000公里时换位。车辆的第一次调胎最重要的是调胎时轮胎的充气压力必须遵照生产厂商的建议。如果4个轮胎磨损均匀，肯定会提高轮胎的使用寿命。轮胎换位的主要目的是为了提高轮胎的使用寿命，防止轮胎因磨损不均而提前报废。轮胎前后换位的方法也并非千篇一律。前文也已提过，后驱及四驱轮胎换位方法是不一样的，要根据汽车的实际情况，采用正确的互换方法。

三、需要的工具配件辅料和设备

轮胎换位作业所需工具有套筒扳手、扭力扳手、手套和抹布。

四、任务实施

第一步：操作前准备工作。
（1）放置车轮挡块。
（2）安装座椅套、转向盘套和脚垫。
（3）安装翼子板布。
第二步：拉紧驻车制动操纵杆。
第三步：将换挡杆置于P位。
第四步：拆卸车轮，如图5-14所示。

项目五　行驶系的保养

图 5-14　拆卸车轮

第五步：按图 5-15 所示进行轮胎换位。

第六步：安装轮胎，如图 5-16 所示。

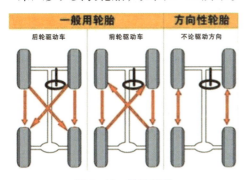

图 5-15　轮胎换位

图 5-16　轮胎安装

操作提示：轮胎螺栓交叉分 2~3 拧紧，呈交叉顺序，确保轮胎正确安装。

69

轮胎换位任务工单

任务名称	轮胎换位	学　　时		班　　级	
学生姓名		学生学号		成　　绩	
实训设备		实训场地		日　　期	
客户任务	某17款卡罗拉轿车行驶里程7 000公里，现车主来店提出轮胎换位，是否予以更换？并给予合理的解释。				
任务目的	1. 了解轮胎换位的间隔里程和意义； 2. 了解轮胎的拆装方法； 3. 熟悉轮胎换位的注意事项； 4. 能够单独完成轮胎换位的操作。				

一、资讯

　　1. 轮胎换位的意义是_____

　　2. 拆装车轮需要使用的工具是_____

　　3. 轮胎螺栓拧紧顺序应分_____次，是否使用交叉的顺序分？_____（是/否）

　　4. 轮胎换位前，检查轮胎在哪些异常的情况下必须先更换轮胎？_____

_____

二、决策

　　17款卡罗拉轿车轮胎的建议换位里程是_____公里，客户提出轮胎换位的要求_____（合理/不合理）。

三、计划

　　1. 如果要轮胎换位，需要做哪些准备？

　　（1）设备：_____

　　（2）工具：_____

　　（3）零部件：_____

　　（4）耗材：_____

　　2. 轮胎换位的操作步骤有哪些？

_____

_____

_____

四、实施

　　画出轮胎换位的方向：

续表

五、检查
　　根据操作流程，对操作过程进行如下检查，并做好记录。
　　1. 轮胎换位前，检查轮胎是否有异常？_____（是/否）
　　2. 轮胎是否安装牢固？_____（是/否）

六、评估

序号	考核内容	配分	得分
1	工装	15	
2	作业前的准备工作	15	
3	轮胎换位过程	40	
4	作业后场地 5S 情况	20	
5	任务工单完成情况	10	

指导教师签字：_____

任务三　检查底盘

一、学习目标

1. 了解汽车底盘检查位置及要求。
2. 能够独立进行汽车底盘检查的操作。

二、理论知识

很多人认为汽车底盘的保养是可有可无的。实际不然，对于汽车底盘的保养是非常必要的。底盘是装载重要汽车部件的支撑，底盘的安全性关系整个汽车能否正常行驶。

三、需要的工具和设备

检查底盘作业所需工具有梅花扳手、套筒扳手、扭力扳手、手电筒、手套和抹布。

四、任务实施

第一步：将车辆停放在举升机上。

第二步：举升车辆到合适位置并落安全锁，如图5-17所示。

图5-17　举升车辆

第三步：检查转向连接机构。

（1）检查前转向横拉杆球头是否松动，横拉杆有无弯曲和损坏，如图5-18所示。

（2）检查前转向机护套是否开裂和撕破，如图5-19所示。

图 5-18　检查横拉杆及横拉杆球头　　　　图 5-19　检查转向机护套

（3）检查转向节是否损坏。

操作提示：在检查底盘之前，必须佩戴手套，以防受伤。需要检查球头是否松动，横拉杆是否弯曲和损坏，护套是否开裂和撕破。

第四步：检查前轴悬架，如图 5-20 所示。

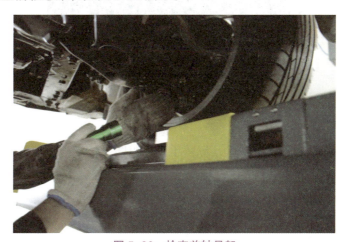

图 5-20　检查前轴悬架

操作提示：检查衬套、稳定杆、控制臂和球节，要按照一定顺序进行，不能重复检查。

第五步：检查后轴悬架。

（1）检查后部减震器有无漏油，如图 5-21 所示。

（2）检查后部螺旋弹簧是否有明显锈蚀、损坏，如图 5-22 所示。

图 5-21 检查后部减震器

图 5-22 检查后部螺旋弹簧

（3）检查后桥是否有明显变形损伤，如图 5-23 所示。

图 5-23 检查后桥

操作提示：在检查底盘之前，必须佩戴手套，以防受伤。检查减振器和弹簧时，要按照一定顺序进行，不能重复检查。

第六步：检查底盘固定螺栓是否松动。

（1）检查下臂与前悬架横梁的连接螺栓，标准扭矩 214N·m。如图 5-24 所示。

（2）检查减震器与转向节之间的连接螺栓，标准扭矩 240N·m。如图 5-25 所示。

图 5-24 下臂与前悬架横梁的连接螺栓

图 5-25 减震器与转向节的连接螺栓

（3）检查前悬架横梁与车身之间的连接螺栓，标准扭矩137N·m。如图5-26所示。

（4）检查后支架与前悬架横梁之间的连接螺栓，标准扭矩137N·m。如图5-27所示。

图5-26　前悬架横梁与车身的连接螺栓

图5-27　后支架与前悬架横梁的连接螺栓

（5）检查前支架与前悬架横梁之间的连接螺栓，标准扭矩137N·m。如图5-28所示。

（6）检查加强件与前悬架横梁之间的连接螺栓，标准扭矩137N·m。如图5-29所示。

图5-28　前支架与前悬架横梁的连接螺栓

图5-29　加强件与前悬架横梁的连接螺栓

（7）检查支架下加强件与前悬架横梁之间的连接螺栓，标准扭矩137N·m。如图5-30所示。

（8）检查下支臂与下支臂球头之间的连接螺栓。如图5-31所示。

图5-30　支架下加强件与前悬架横梁的连接螺栓

图5-31　下支臂与下支臂球头的连接螺栓

（9）检查稳定杆连杆与稳定杆之间的连接螺栓。如图 5-32 所示。

（10）检查稳定杆连杆与减震器之间的连接螺栓。如图 5-33 所示。

图 5-32　检查稳定杆连杆与稳定杆的连接螺栓

图 5-33　稳定杆连杆与减震器的连接螺栓

（11）检查转向节与前盘式制动器之间的连接螺栓。如图 5-34 所示。

（12）检查转向横拉杆与横拉杆接头之间的连接螺栓。如图 5-35 所示。

图 5-34　转向节与前盘式制动器的连接螺栓

图 5-35　转向横拉杆与横拉杆接头的连接螺栓

（13）检查转向横拉杆球头与转向节之间的连接螺母。如图 5-36 所示。

（14）检查后桥与车身之间的连接螺栓。如图 5-37 所示。

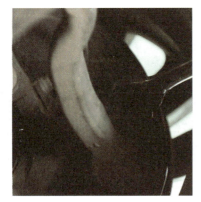
图 5-36　转向横拉杆球头与转向节的连接螺母

图 5-37　后桥与车身的连接螺栓

（15）检查后桥与减震器之间的连接螺栓。如图 5-38 所示。

（16）检查后地板纵梁支架与车身之间的连接螺栓。如图 5-39 所示。

图 5-38　后桥与减震器的连接螺栓

图 5-39　后地板纵梁支架与车身之间的连接螺栓

（17）检查排气管连接螺栓。如图 5-40 所示。

（18）检查油箱与车身之间的连接螺栓。如图 5-41 所示。

图 5-40　排气管连接螺栓

图 5-41　油箱与车身的连接螺栓

第九步：降下车辆，收拾工具，清洁场地。

检查底盘任务工单

任务名称	检查底盘	学　　时		班　　级	
学生姓名		学生学号		成　　绩	
实训设备		实训场地		日　　期	
客户任务	某17款卡罗拉轿车行驶里程5 000公里，现车主来店更换机油，顺便提出底盘检查的要求，是否应予以检查？并给予合理的解释。				
任务目的	1. 了解底盘检查的内容； 2. 熟悉底盘检查的注意事项； 3. 能够单独完成底盘检查的操作。				

一、资讯

　　1. 底盘检查的内容主要是_____

　　2. 悬架的作用是_____

　　3. 17款卡罗拉轿车前悬架是_____结构的悬架，后悬架是_____结构的悬架。

　　4. 减震器的作用是_____

　　5. 转向节的位置在_____

　　6. 制动器有_____和_____两种，17款卡罗拉轿车前轮制动器是哪种？_____

二、决策

　　底盘检查的建议周期是_____，客户提出底盘检查的要求_____（合理/不合理）。

三、计划

　　1. 如果要检查底盘，需要做哪些准备？

　　（1）设备：_____

　　（2）工具：_____

　　（3）零部件：_____

　　（4）耗材：_____

　　2. 检查底盘的操作步骤有哪些？

_____

_____

_____

四、实施

　　查阅维修手册：

　　1. 下臂与前悬架横梁连接螺栓规定拧紧力矩是_____

　　2. 检查转向节与前减振器连接螺栓规定拧紧力矩是_____

　　3. 检查前悬架横梁与车身连接螺栓规定拧紧力矩是_____

　　4. 检查后支架与前悬架横梁连接螺栓规定拧紧力矩是_____

　　5. 检查前支架与前悬架横梁连接螺栓规定拧紧力矩是_____

　　6. 检查加强件与前悬架横梁连接螺栓(左侧)规定拧紧力矩是_____

续表

7. 检查加强件与前横梁连接螺栓（右侧）规定拧紧力矩是＿＿＿＿＿＿＿＿＿＿＿＿＿＿
8. 检查支架下加强件与前悬架横梁连接螺栓（中间）规定拧紧力矩是＿＿＿＿＿＿＿＿＿＿＿
9. 检查下臂与下球节连接螺栓规定拧紧力矩是＿＿＿＿＿＿＿＿＿＿＿＿＿＿＿＿＿
10. 检查稳定杆连杆与稳定杆连接螺栓规定拧紧力矩是＿＿＿＿＿＿＿＿＿＿＿＿＿＿
11. 检查稳定杆连杆与减震器连接螺栓规定拧紧力矩是＿＿＿＿＿＿＿＿＿＿＿＿＿
12. 检查转向节与前盘式制动器连接螺栓规定拧紧力矩是＿＿＿＿＿＿＿＿＿＿＿＿
13. 检查转向节与前轮毂连接螺栓规定拧紧力矩是＿＿＿＿＿＿＿＿＿＿＿＿＿＿
14. 检查转向横拉杆与横拉杆接头连接螺栓规定拧紧力矩是＿＿＿＿＿＿＿＿＿＿＿
15. 检查转向节与下球节连接螺栓规定拧紧力矩是＿＿＿＿＿＿＿＿＿＿＿＿＿＿
16. 检查横拉杆接头与转向节连接螺栓规定拧紧力矩是＿＿＿＿＿＿＿＿＿＿＿＿＿
17. 检查后桥与车身连接螺栓规定拧紧力矩是＿＿＿＿＿＿＿＿＿＿＿＿＿＿＿＿
18. 检查后桥与减震器连接螺栓规定拧紧力矩是＿＿＿＿＿＿＿＿＿＿＿＿＿＿＿
19. 检查后地板纵梁支架与车身连接螺栓规定拧紧力矩是＿＿＿＿＿＿＿＿＿＿＿＿
20. 检查排气管连接螺栓规定拧紧力矩是＿＿＿＿＿＿＿＿＿＿＿＿＿＿＿＿＿＿＿
21. 检查油箱与车身连接螺栓规定拧紧力矩是＿＿＿＿＿＿＿＿＿＿＿＿＿＿＿＿＿

五、检查

根据操作流程，对操作过程进行如下检查，并做好记录：

1. 使用举升机将车辆举升至高位后是否锁止到位？＿＿＿＿＿＿＿（是 / 否）
2. 检查下臂与前悬架横梁连接螺栓是否松动？＿＿＿＿＿＿＿（是 / 否）
3. 检查转向节与前减震器连接螺栓是否松动？＿＿＿＿＿＿＿（是 / 否）
4. 检查前悬架横梁与车身连接螺栓是否松动？＿＿＿＿＿＿＿（是 / 否）
5. 检查后支架与前悬架横梁连接螺栓是否松动？＿＿＿＿＿＿＿（是 / 否）
6. 检查前支架与前悬架横梁连接螺栓是否松动？＿＿＿＿＿＿＿（是 / 否）
7. 检查加强件与前悬架横梁连接螺栓（左侧）是否松动？＿＿＿＿＿＿＿（是 / 否）
8. 检查加强件与前横梁连接螺栓（右侧）是否松动？＿＿＿＿＿＿＿（是 / 否）
9. 检查支架下加强件与前悬架横梁连接螺栓（中间）是否松动？＿＿＿＿＿＿＿（是 / 否）
10. 检查下臂与下球节连接螺栓是否松动？＿＿＿＿＿＿＿（是 / 否）
11. 检查稳定杆连杆与稳定杆连接螺栓是否松动？＿＿＿＿＿＿＿（是 / 否）
12. 检查稳定杆连杆与减震器连接螺栓是否松动？＿＿＿＿＿＿＿（是 / 否）
13. 检查转向节与前盘式制动器连接螺栓是否松动？＿＿＿＿＿＿＿（是 / 否）
14. 检查转向节与前轮毂连接螺栓是否松动？＿＿＿＿＿＿＿（是 / 否）
15. 检查转向横拉杆与横拉杆接头连接螺栓是否松动？＿＿＿＿＿＿＿（是 / 否）
16. 检查转向节与下球节连接螺栓是否松动？＿＿＿＿＿＿＿（是 / 否）
17. 检查横拉杆接头与转向节连接螺栓是否松动？＿＿＿＿＿＿＿（是 / 否）
18. 检查后桥与车身连接螺栓是否松动？＿＿＿＿＿＿＿（是 / 否）
19. 检查后桥与减震器连接螺栓是否松动？＿＿＿＿＿＿＿（是 / 否）
20. 检查后地板纵梁支架与车身连接螺栓是否松动？＿＿＿＿＿＿＿（是 / 否）
21. 检查排气管连接螺栓是否松动？＿＿＿＿＿＿＿（是 / 否）
22. 检查油箱与车身连接螺栓是否松动？＿＿＿＿＿＿＿（是 / 否）

续表

六、评估

序号	考核内容	配分	得分
1	工装	15	
2	作业前的准备工作	15	
3	底盘检查过程	40	
4	作业后场地 5S 情况	20	
5	任务工单完成情况	10	

指导教师签字：＿＿＿＿＿＿

任务四 四轮定位

一、学习目标

1. 了解汽车四轮定位的相关知识。
2. 能够独立进行汽车四轮定位的操作。

二、理论知识

汽车的转向车轮、转向节和前轴三者之间的安装具有一定的相对位置,这种具有一定相对位置的安装叫作转向车轮定位,也称前轮定位。前轮定位包括主销后倾(角)、主销内倾(角)、前轮外倾(角)和前轮前束4部分。这是对两个转向前轮而言,对两个后轮来说也同样存在与后轴之间安装的相对位置,称后轮定位。后轮定位包括车轮外倾(角)和逐个后轮前束。这样前轮定位和后轮定位的总称叫四轮定位。

三、需要的工具和设备

四轮定位作业所需设备有四轮定位仪,如图 5-42 所示。

图 5-42 四轮定位仪

四、任务实施

第一步：安装定位仪与反光板。如图 5-43~ 图 5-45 所示。

图 5-43　电缆连接

图 5-44　安装定位仪

图 5-45　安装反光板

操作提示：在连接电缆时必须对准箭头插入；插入后要确认传感器指示灯是否点亮。车辆变速器挡位调整，将变速器换挡杆置于手动空挡或自动挡 N 位，并释放驻车制动器操纵杆。

第二步：轮毂偏位补偿。

（1）补偿准备及举升机操作。四轮定位仪开机，进入轮毂偏位补偿界面。

（2）进行轮毂偏位补偿（四轮）。如图 5-46~ 图 5-49 所示。

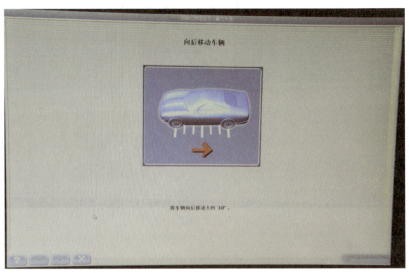

图 5-46 轮毂偏位补偿向左旋转方向盘

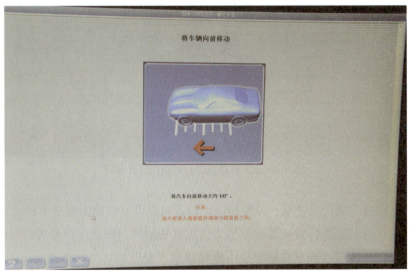

图 5-47 轮毂偏位补偿向右旋转方向盘

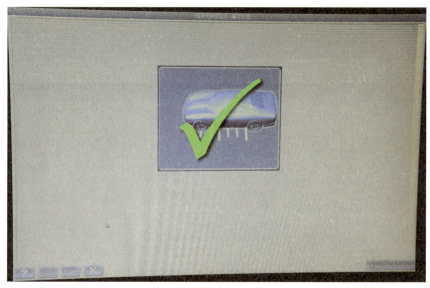

图 5-48 轮毂偏位补偿完毕

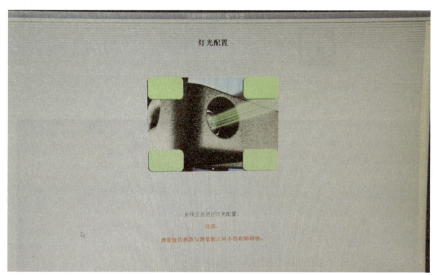

图 5-49 系统自动进入定位仪灯光配置

第三步：检查车辆位置情况、放置挡块，以及减震器复位前实施驻车制动。

操作提示：对车辆进行减振器复位是为消除悬架部件对车辆定位参数的影响，所以此步骤必不可少；为确保车辆在悬架复位中保持稳定，所以在复位前必须进行驻车制动；复位过程中，同时观察转角盘及后滑板的工作情况是否良好。使用制动锁顶住制动踏板，也是为保证调整检测中车辆的稳定性，此处的操作以制动灯点亮情况和座椅变形程度为判断依据。

在打方向过程中，不可进入车内；打方向时操作员身体不可挤动车身；左右 20° 转向时，到位后不能立刻松手，转向时应控制好区域。最后一步转向盘是否正中的检查时，如果返回检查方向盘不在中间，必须进行重新调整。

第四步：定位调整。如图 5-50 和图 5-51 所示。

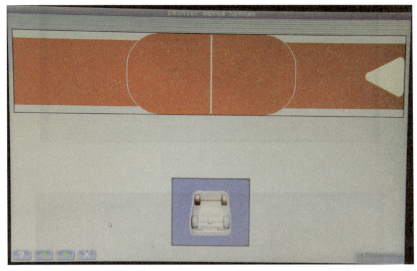

图 5-50　按提示向左或向右旋转方向盘

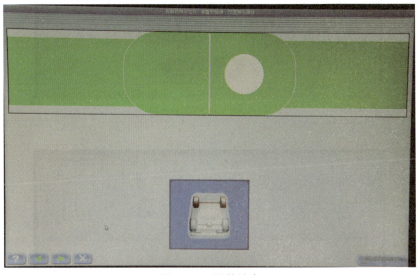

图 5-51　调整结束

操作提示：在松卸、调整和上拉紧横拉杆的过程中，必须将横拉杆球头处固定；调整结束后，确保数值指示箭头在标准范围内，拧紧力矩后若发现数值不在标准范围内，需要重新调整。

第五步：调整后检测，如图 5-52~图 5-54 所示。

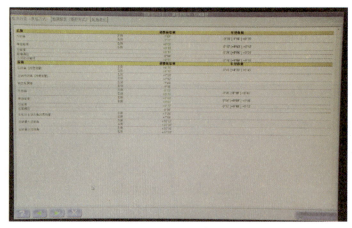

图 5-52 显示数据

图 5-53 前轮显示数据

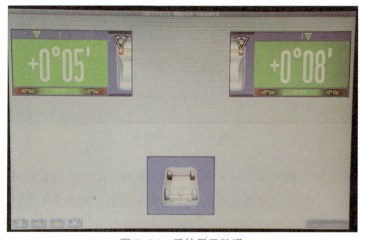

图 5-54 后轮显示数据

四轮定位任务工单

任务名称	四轮定位	学　　时		班　　级	
学生姓名		学生学号		成　　绩	
实训设备		实训场地		日　　期	
客户任务	某 17 款卡罗拉轿车在发生碰撞后，车辆出现行驶跑偏、轮胎偏磨的现象，客户来店提出做四轮定位的要求，是否应做四轮定位？请给予合理的解释。				
任务目的	1. 了解四轮定位的相关知识； 2. 熟悉四轮定位的注意事项； 3. 能够单独完成四轮定位的操作。				

一、资讯

　　1. 前轮定位包括_____、_____、_____和前轮前束四个内容。

　　2. 车轮定位的作用是使汽车保持稳定的直线行驶和_____轻便，并减少汽车在行驶中轮胎和转向机件的_____。

　　3. 后轮定位包括_____和_____。

　　4. 从侧面看车轮，转向主销（车轮转向时的旋转中心）向后倾倒，称_____角，此角过大会使转向盘沉重。

　　5. 从车前后方向看轮胎时，主销轴向车身内侧倾斜，该角度称_____角。

　　6. 从前后方向看车轮时，轮胎并非垂直安装，而是稍微倾倒呈现"八"字形张开，称为负_____，而朝反方向张开时称正外倾。

二、决策

　　以下情况下需要进行四轮定位：_____

_____，因此客户提出四轮定位的要求_____（合理/不合理）。

三、计划

　　1. 如果要四轮定位，需要做哪些准备？

　　（1）设备：_____

　　（2）工具：_____

　　（3）零部件：_____

　　（4）耗材：_____

　　2. 四轮定位的操作步骤有哪些？

_____

_____

_____

四、实施

　　根据操作注意事项，回答下列问题。

　　1. 进入四轮定位系统选定_____及车型，建立客户档案信息。

　　2. 车辆停放在四轮定位水平举升平台上，并使前轮朝向_____，用车辆橡胶挡块固定好车辆。

　　3. 按照四轮定位要求向后推车、向前推车，拆下左右转角盘固定销，向左向右转动方向盘到一定角度，安装_____固定夹具。

　　4. 对四轮定位数据进行解读，按照数据偏差，对车辆_____进行相应调整。

　　5. 紧固好相应调整螺丝，车辆降低到水平地面，将_____及_____归位。

续表

五、检查

根据操作流程，对操作过程进行如下检查，并做好记录。

1. 调整后车辆的四轮定位仪显示的各参数值：_____

_____

2. 进行实际路面路试，路试车辆是否正常？_____（是 / 否）。

六、评估

序号	考核内容	配分	得分
1	工装	15	
2	作业前的准备工作	15	
3	四轮定位过程	40	
4	作业后场地 5S 情况	20	
5	任务工单完成情况	10	

指导教师签字：_____

项目六

制动系的保养

制动系是汽车的重要系统之一，如果工作环境非常恶劣，系统出现故障，随时都会有危险，所以要定期对制动系统进行检查和保养。

制动系统出现异常情况主要表现在：刹车异响、跑偏、制动力不足、制动踏板软等。出现这些问题的根本原因有以下几点：

（1）制动片正常磨损的粉末存留在刹车分泵附近，长期不清理会造成异响。

（2）行驶在沙石路面时，部分颗粒物会溅落在制动片和盘之间，造成异响或异常磨损。

（3）制动片的消音片和减震片长时间不清洁润滑，会造成刹车异响。

（4）分泵滑动轴的防尘套如果破损，在过水坑或泥坑时导致分泵轴锈死、分泵不归位、制动力下降、刹车跑偏。

为了避免这些严重的后果，建议应经常对刹车系统做定期的清洁、润滑和保养。

任务一　更换制动液

一、学习目标

1. 了解汽车制动液的相关知识。
2. 能够独立进行刹车油的更换。

二、理论知识

制动系统应注意制动液（又叫刹车油）的质量，制动系统大部分部件在工作时会处于高温状态下，制动液自然也不例外。刹车系统的工作原理简单来说就是利用总泵将制动液泵入刹车油管，接着推动分泵中的活塞使刹车片与刹车盘摩擦进行制动。由于刹车片与刹车盘的摩擦在制动过程中会产生大量热，致使制动液的温度随之升高，一旦温度超过制动液的沸点，就会产生气泡，气泡会掺杂在油管当中，因为气体可以被压缩，最终将导致制动时出现刹车失灵的现象。而制动液具有吸湿特性，随着时间的增加其沸点会随之降低，所以我们在检查制动液量的同时，更要记得对制动液进行定期更换。

在制动液的选择上，常用的制动液有 DOT3 和 DOT4 两种（见图 6-1）。DOT 是美国汽车安全标准规定标称，其数字越大，级别越高。DOT3 与 DOT4 的不同之处主要在于沸点不同，DOT4 比 DOT3 更耐高温。目前大部分制动液是非矿物油系，是在基础油上添加润滑剂、稀释剂、防锈剂、橡胶抑制剂等调和而成，也是各国汽车所用最普遍的一种制动液。这种常用的制动液吸湿性较强。制动系统虽然进不了水分，但由于制动液具有吸湿特性，在使用一段时间以后会吸收水分。制动液中水分越多，沸点越低。

图 6-1　合成型制动液

三、需要的工具和设备

更换刹车油作业所需工具有梅花扳手、刹车油、油盆和抹布。

四、任务实施

（1）将车辆举升至低位，检查制动液液位，如图 6-2 和图 6-3 所示。

图 6-2　车辆举升至低位

图 6-3　检车制动液液位

（2）举升车辆至适当高度，车内人员多次踩刹车踏板并保持制动动作，如图6-4所示。

（3）将右后轮刹车分泵放油螺栓套上一根透明塑料管，将管的另一端接入容器内，回收残油，如图6-5所示。

图6-4 踩住制动踏板并保持制动

图6-5 回收残油

（4）使用扳手旋松放油螺栓（见图6-6），油液流出，待液流变小后，旋紧放油螺栓，此时刹车踏板处于下移过程，车内人员仍要保持制动动作不放松，直至车下人员旋紧放油螺栓。

（5）检查刹车油液位是否下降过多，适时补加新制动液，如图6-7所示。

图6-6 旋松刹车分泵放油螺栓

图6-7 补加新制动液

（6）车内人员再重复踩刹车踏板并保持制动动作。

（7）重复（4）（5）（6）步骤，直至放油螺栓处放出新制动液。

（8）右后轮放完后，依次进行左后轮、右前轮和左前轮。

操作提示：

（1）换油过程中，切记刹车总泵上方制动液油壶不可以缺少制动液，须保持满位状态。

（2）更换制动液后，轮胎如果沾到制动液，应使用清水冲洗以防止轮胎被侵蚀。

（3）皮肤及手臂若接触到制动液，会稍感灼热，事后使用清水及洗手皂清除即可。

（4）注意不要让制动液溢在车漆上，否则会损坏车漆。

更换制动液任务工单

任务名称	更换制动液	学　时		班　级	
学生姓名		学生学号		成　绩	
实训设备		实训场地		日　期	
客户任务	某17款卡罗拉轿车距离上次保养间隔4万公里，现客户来店提出更换制动液的要求，是否应更换？请给予合理的解释。				
任务目的	1. 了解制动系统的相关知识； 2. 熟悉制动液更换的注意事项； 3. 能够单独完成更换制动液的操作。				

一、资讯

　　1. 制动液从＿＿＿＿＿＿＿＿＿＿＿＿＿＿＿＿＿＿＿＿＿＿＿＿＿＿＿＿放出。

　　2. 制动液从＿＿＿＿＿＿＿＿＿＿＿＿＿＿＿＿＿＿＿＿＿＿＿＿＿观察是否充足。

　　3. 制动液从＿＿＿＿＿＿＿＿＿＿＿＿＿＿＿＿＿＿＿＿＿＿＿＿＿＿＿＿添加。

　　4. 制动液需要添加到什么位置合适？＿＿＿＿＿＿＿＿＿＿＿＿＿＿＿＿＿＿＿

二、决策

　　17款卡罗拉制动液建议更换周期是：＿＿＿＿＿＿＿＿＿＿＿＿＿，如果不及时更换制动液可能会发生＿＿＿＿＿＿＿＿＿＿＿＿＿现象，因此客户提出更换制动液的要求＿＿＿＿＿＿（合理/不合理）。

三、计划

　　1. 如果要更换制动液，需要做哪些准备？

　　（1）设备：＿＿＿＿＿＿＿＿＿＿＿＿＿＿＿＿＿＿＿＿＿＿＿＿＿＿＿＿＿＿

　　（2）工具：＿＿＿＿＿＿＿＿＿＿＿＿＿＿＿＿＿＿＿＿＿＿＿＿＿＿＿＿＿＿

　　（3）零部件：＿＿＿＿＿＿＿＿＿＿＿＿＿＿＿＿＿＿＿＿＿＿＿＿＿＿＿＿

　　（4）耗材：＿＿＿＿＿＿＿＿＿＿＿＿＿＿＿＿＿＿＿＿＿＿＿＿＿＿＿＿＿

　　2. 更换制动液的操作步骤有哪些？

＿＿＿＿＿＿＿＿＿＿＿＿＿＿＿＿＿＿＿＿＿＿＿＿＿＿＿＿＿＿＿＿＿＿＿＿＿＿

＿＿＿＿＿＿＿＿＿＿＿＿＿＿＿＿＿＿＿＿＿＿＿＿＿＿＿＿＿＿＿＿＿＿＿＿＿＿

＿＿＿＿＿＿＿＿＿＿＿＿＿＿＿＿＿＿＿＿＿＿＿＿＿＿＿＿＿＿＿＿＿＿＿＿＿＿

四、实施

　　根据操作注意事项，回答下列问题。

　　1. 废油如何处理？＿＿＿＿＿＿＿＿＿＿＿＿＿＿＿＿＿＿＿＿＿＿＿＿＿＿＿

　　2. 为什么要先检查制动液液位，然后才开始更换作业？＿＿＿＿＿＿＿＿＿＿＿

　　3. 车内人员多次踩刹车踏板后，为什么要保持制动动作（即踏板踩到底），再进行放油；且在放油结束前，车内人员一直保持制动动作不放松？＿＿＿＿＿＿＿＿＿＿＿

＿＿＿＿＿＿＿＿＿＿＿＿＿＿＿＿＿＿＿＿＿＿＿＿＿＿＿＿＿＿＿＿＿＿＿＿＿＿

　　4. 车轮依次放油的顺序是右后轮、＿＿＿＿＿＿、＿＿＿＿＿＿、＿＿＿＿＿＿。

　　5. 如果轮胎沾到制动液，应如何处理？＿＿＿＿＿＿＿否则轮胎可能会＿＿＿＿＿＿

续表

五、检查

根据操作流程,对操作过程进行如下检查,并做好记录。

1. 作业前检查制动液位是否正常？_____(是/否)
2. 作业后检查制动液位是否正常？_____(是/否)
3. 作业后检查刹车系统是否有漏油现象？_____(是/否)
4. 作业后检查刹车系统功能是否良好？_____(是/否)

六、评估

序号	考核内容	配分	得分
1	工装	15	
2	作业前的准备工作	15	
3	更换制动液过程	40	
4	作业后场地 5S 情况	20	
5	任务工单完成情况	10	

指导教师签字：_____

任务二　更换刹车片

一、学习目标

1. 了解汽车刹车片的相关知识。
2. 能够独立进行刹车片的更换。

二、理论知识

刹车片又叫刹车皮或摩擦片、蹄片，是制动系统中最为重要的部件之一。由于刹车片属于磨损件，在保养方面需要格外注意。当刹车片磨损至接近使用极限时，会亮起故障灯，或是制动时发出尖锐刺耳的金属声来提示车主及时进行更换，刹车片的磨损程度很大程度上取决于车辆的使用条件和驾驶员的行驶习惯，尤其针对那些经常在城市交通或以运动方式驾驶的车辆。一般刹车片的正常使用寿命为 3 万 ~5 万公里（由于使用频率的关系，使用寿命 2 万 ~7 万公里通常也属于正常），刹车片最小厚度应不小于 2 mm，更换刹车片时，应各位置同时进行更换。

三、需要的工具和设备

更换刹车片作业所需工具有套筒扳手、棘轮、梅花扳手、直尺、磁力表架、百分表、刹车片、抹布和挂钩。

四、任务实施

第一步：拆卸车轮，如图 6-8 所示。

图 6-8　拆卸车轮

第二步：拆卸制动钳体，如图 6-9 所示。

操作提示：可只拆卸钳体下方螺栓，然后用挂钩挂好制动钳体，如图 6-10 所示。

图 6-9　拆卸制动钳体

图 6-10　挂好制动钳体

第三步：拆下并检查刹车片。需测量刹车片厚度并检查刹车片表面有无沟痕，如图 6-11 和图 6-12 所示。

操作提示：利用直尺检查刹车片厚度。

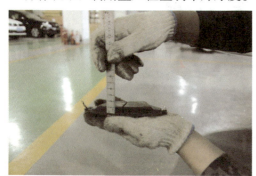
图 6-11　测量刹车片厚度

图 6-12　检查刹车片表面有无沟痕

第四步：检查百分表头和制动盘跳动量。如图 6-13 和图 6-14 所示。

图 6-13　检查百分表头

图 6-14　检查制动盘跳动量

操作提示：利用磁力表座固定百分表头在减震器上。

第五步：安装刹车片和制动钳体，如图 6-15 和图 6-16 所示。

图 6-15　安装刹车片

图 6-16　安装制动钳体

第六步：安装车轮。车轮安装方法同轮胎换位。如图 6-17 所示。

图 6-17　安装车轮

更换刹车片任务工单

任务名称	更换刹车片	学　　时		班　　级	
学生姓名		学生学号		成　　绩	
实训设备		实训场地		日　　期	
客户任务	某17款卡罗拉轿车距离上次保养间隔4万公里，现客户来店提出检查、更换刹片的要求，是否应更换？请给予合理的解释。				
任务目的	1. 了解刹车片的相关知识； 2. 熟悉更换刹车片的注意事项； 3. 能够单独完成更换刹车片的操作。				

一、资讯

　　1. 从工作介质上区分，轿车有＿＿＿＿＿＿＿和＿＿＿＿＿＿＿两种制动形式，17款卡罗拉轿车的制动属于哪种？＿＿＿＿＿＿＿

　　2. 从结构上区分，制动器有盘式制动器和＿＿＿＿＿＿＿两种。

　　3. 测量刹车片厚度需要使用的工具是＿＿＿＿＿＿＿

　　4. 检查制动盘跳动量需要使用的工具是＿＿＿＿＿＿＿

二、决策

　　刹车片的正常使用寿命是＿＿＿＿＿＿＿公里，根据车辆使用条件和驾驶员的行驶习惯不同而有变化。如果经过测量，刹车片的最小厚度小于＿＿＿＿＿＿＿，则应更换刹车片；制动盘跳动量超过＿＿＿＿＿＿＿，则应更换制动盘。

三、计划

　　1. 如果要更换刹车片，需要做哪些准备？

　　（1）设备：＿＿＿＿＿＿＿

　　（2）工具：＿＿＿＿＿＿＿

　　（3）零部件：＿＿＿＿＿＿＿

　　（4）耗材：＿＿＿＿＿＿＿

　　2. 更换刹车片的操作步骤有哪些？

_____

_____

_____

四、实施

　　根据操作注意事项，回答下列问题。

　　1. 拆下刹车片，检查刹车片厚度为＿＿＿＿＿＿＿

　　2. 检查原车刹车片表面有无沟痕？＿＿＿＿＿＿＿

　　3. 检查制动盘跳动量为＿＿＿＿＿＿＿

续表

五、检查

根据操作流程,对操作过程进行如下检查,并做好记录。

1. 检查原车刹车片是否能继续使用? _____(是/否)
2. 检查制动盘是否能够继续使用? _____(是/否)
3. 如需更换刹车片,新装刹车片安装是否牢固? _____(是/否)
4. 检查刹车钳安装是否牢固? _____(是/否)
5. 检查车轮安装是否牢固? _____(是/否)
6. 检查刹车系统功能是否良好? _____(是/否)

六、评估

序号	考核内容	配分	得分
1	工装	15	
2	作业前的准备工作	15	
3	更换刹车片过程	40	
4	作业后场地 5S 情况	20	
5	任务工单完成情况	10	

指导教师签字:_____

项目七 电源系的保养

汽车电源系统的主要功用是将发动机产生的机械能转变为化学能储存起来，并为全车用电设备进行供电。

电源系统主要由蓄电池、发电机及其调节器组成（现在发电机与调节器多装配在一起，称为整体式发电机）。蓄电池、发电机两者是并联工作，发电机是主电源，蓄电池是辅助电源。

电源系统主要维护内容是蓄电池的检查与补充充电，发电机的检查与更换。车用蓄电池的使用寿命一般为 3~5 年。

任务一　检查与更换蓄电池

一、学习目标

1. 了解蓄电池的基础知识。
2. 能够对蓄电池进行检查、更换。

二、理论知识

1. 蓄电池型号

我国汽车起动用铅蓄电池，按 GB/T5008.2-2013 标准规定，分为橡胶外壳及塑料外壳上固定式、塑料外壳下固定式等几种。

例如，夏利 TJ7100 型轿车用 6-QA-40S 型蓄电池：由 6 个单格电池组成，额定电压为 12V，额定容量为 40A·h 的起动用干荷电铅蓄电池，采用了塑料外壳。汽车蓄电池型号含义见表 7-1。

表 7-1 蓄电池型号表示方法

串联单格电池数	该电池总成所包含的单格电池数目	用阿拉伯数字表示
电池类型	铅蓄电池的类型	起动用铅蓄电池用"Q"表示
电池特征	附加部分，仅在同类用途的产品具有某种特征，而在型号中又必须加以区别时采用。当产品同时具有两种特征时，按顺序将两个代号并列标志。	1. A——干荷电； 2. H——湿荷电； 3. W——免维护； 4. S——少维护； 5. J——胶质电解液
蓄电池的额定容量	20h 放电率的额定容量，单位为 A·h，单位略去不写	用大写的汉语拼音字母表示 如：G——高启动率； 　　D——低温起动性能好； 　　S——塑料槽蓄电池

2. 蓄电池电解液密度

电解液密度的大小，是判断蓄电池容量的重要标志。测量蓄电池电解液密度时，蓄电池应处于稳定状态。蓄电池充、放电或加注蒸馏水后，应静置 30 min 后再测量。

三、需要的工具和设备

检修蓄电池作业需要电解液密度计、蓄电池高率放电计、充电机、棘轮和套筒扳手。

四、任务实施

1. 检查蓄电池的电解液密度

用吸式密度计测量电解液密度。如图 7-1 所示。测得的密度值应用标准温度（+25℃）予以校正（同时测量电解液温度）。

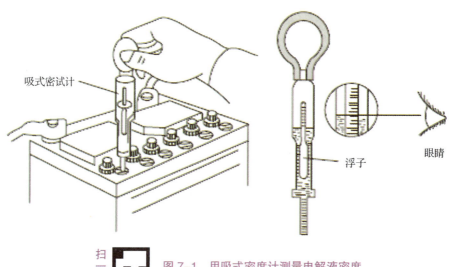

图 7-1 用吸式密度计测量电解液密度

通过对各个单格电池电解液密度的测量，可以确定蓄电池是否失效。如果单格电池之间的密度相差 $0.05g/cm^3$，则该电池失效。如图 7-2 所示。

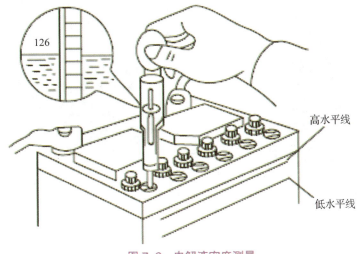

图 7-2 电解液密度测量

2. 检测蓄电池电解液液面高度

观察液面高度指示线，正常液面高度应介于两线之间，液面过低时，应加入蒸馏水补充，以恢复正确的液面高度。除非确定电解液溅出，否则不可添加硫酸溶液。液面高度指示线法如图 7-3 所示。

图 7-3 液面高度指示线法

3. 检测蓄电池电量

用高率放电计测量。测量时将高率放电计的正、负极放电针分别紧压在蓄电池的正、负极柱上，保持 3~5s。如图 7-4 所示。

图 7-4 用高率放电计测量蓄电池的放电电压

若电压保持在 9.6V 以上，说明蓄电池性能良好，但存电不足；若电压稳定在 10.6~11.6V，说明存电较足；若电压迅速下降，说明蓄电池有故障。

操作提示：此项测量不能连续进行，必须间隔 1min 后才可以再次检测，以防止蓄电池损坏。

4. 更换蓄电池

第一步：拆卸蓄电池负极极桩，再拆卸正极极桩。如图 7-5 和图 7-6 所示。

图 7-5 拆卸蓄电池负极 　　　　　图 7-6 拆卸蓄电池正极

操作提示：拆卸蓄电池极桩不能颠倒次序，如果先拆正极，拆卸工具与搭铁接触，会导致短路。

第二步：拆卸蓄电池固定支架，如图 7-7 所示。

第三步：取下蓄电池，如图 7-8 所示。

图 7-7　拆卸蓄电池固定支架

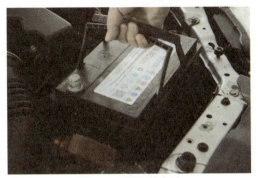

图 7-8　取下蓄电池

第四步：更换新的蓄电池，顺序与拆卸顺序相反。

5. 蓄电池补充充电

充电器有很多类型，现在普遍使用的是逆变智能编程充电电源充电器（见图 7-9）。

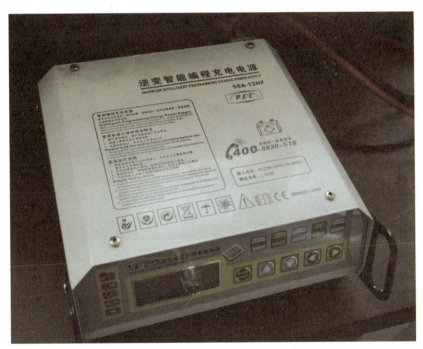

图 7-9　逆变智能编程充电电源充电器

第一步：将充电器的红色电缆连接蓄电池正极极桩，黑色电缆连接蓄电池负极极桩。如图 7-10 所示。

第二步：打开充电器电源开关。如图 7-11 所示。

图7-10 连接蓄电池

图7-11 打开电源开关

第三步：显示屏显示如图7-12所示，通过选择按钮进行选择。如图7-13和图7-14所示。

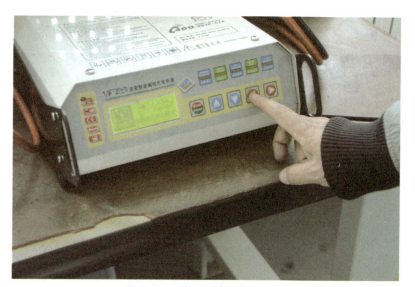
图7-12 首页面选择充电模式

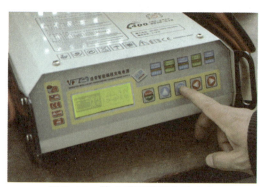
图7-13 第2页面选择车外充电

图7-14 第3页面选择普通蓄电池

第四步：此时，按下 START 按钮，显示屏显示充电电压与充电电流，当显示屏显示电流为 0 时，蓄电池充满电。如图 7-15 所示。

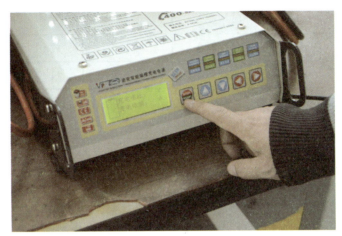

图 7-15　按下 START 按钮

第五步：蓄电池充满电后，先关闭电源开关，再取下充电电缆，如图 7-16 所示。

图 7-16　取下充电电缆

检查与更换蓄电池任务工单

任务名称	检查、更换蓄电池	学　　时		班　　级	
学生姓名		学生学号		成　　绩	
实训设备		实训场地		日　　期	
客户任务	某17款卡罗拉轿车，客户来店提出检查、更换蓄电池的要求，是否应更换？请给予合理的解释。					
任务目的	1. 了解蓄电池的基础知识； 2. 熟悉检查、更换蓄电池的注意事项； 3. 能够单独完成检查、更换蓄电池的操作。					

一、资讯

　　1. 写出不同情况下，蓄电池电压值。
　　（1）额定电压_____V；（2）空载电压_____V；
　　（3）充电电压_____V；（4）充电结束电压_____V；
　　（5）放电结束电压____V
　　2. 解释蓄电池标号：6-QA-85W 含义。

　　3. 解释电眼颜色及其含义。

颜色显示	蓄电池状态
绿色	
	没有充电或电量过低
无色或黄色	

二、决策

　　使用高率放电计测量，测量时将高率放电计的正、负极放电针分别紧压在蓄电池的正负极柱上，保持3~5s，若电压保持在_____以上，说明蓄电池性能良好，但存电不足；若电压稳定在_____V，说明存电较足；若电压迅速下降，则说明_____。

三、计划

　　1. 如果要检查、更换蓄电池，需要做哪些准备？
　　（1）设备：_____
　　（2）工具：_____
　　（3）零部件：_____
　　（4）耗材：_____

续表

2. 检查、更换蓄电池的操作步骤有哪些?
_____
_____
_____

四、实施

根据操作注意事项，回答下列问题。

1. 使用高率放电计测量蓄电池电量是_____

2. 拆卸蓄电池时，蓄电池正负极，先拆_____极。

3. 用充电器给蓄电池充电，什么情况下说明充电结束?_____

4. 安装蓄电池时，紧固力矩是_____

五、检查

根据操作流程，对操作过程进行如下检查，并做好记录。

1. 高率放电计与蓄电池连接正确吗?_____（是/否）

2. 原车蓄电池可继续使用吗?_____（是/否）

3. 原车蓄电池需要充电吗?_____（是/否）

4. 如果需要充电，充电器和蓄电池连接正确吗?_____（是/否）

5. 蓄电池安装牢固吗?_____（是/否）

六、评估

序号	考核内容	配分	得分
1	工装	10	
2	检查更换蓄电池过程	40	
3	蓄电池充电操作	20	
4	作业后场地 5S 情况	20	
5	任务工单完成情况	10	

指导教师签字：_____

任务二　检查与更换发电机

一、学习目标

1. 能正确拆装发电机皮带。
2. 能够更换发电机。

二、理论知识

发电机是汽车电源系的重要组成部件，其功用是在发动机正常运转时，向所有用电设备（起动机除外）供电，同时给蓄电池充电。发电机常见故障是不发电，此时应该更换发电机。

三、需要的工具设备

更换发电机作业所需工具有套筒扳手、棘轮、梅花扳手和一字螺钉旋具。

四、任务实施

第一步：断开蓄电池负极极桩，如图 7-17 所示。

图 7-17　拆卸蓄电池负极极桩

第二步：断开发电机连接线束。如图 7-18 所示。

图 7-18　拔下发电机线束连接器

第三步：翘起发电机电源线护盖，拆卸发电机电源线固定螺栓，如图 7-19 和图 7-20 所示。

图 7-19　翘起发电机电源线护盖　　　图 7-20　拆卸发电机电源线固定螺栓

第四步：松开发电机下端固定螺栓，但不卸下。如图 7-21 所示。

图 7-21　松开发电机下端固定螺栓

第五步：松开发电机上端固定螺栓，但不卸下。如图7-22所示。

图7-22　松开发电机上端固定螺栓

第六步：旋转发电机皮带预紧调节螺栓（见图7-23）至发电机皮带松旷，并取下皮带，如图7-24所示。

图7-23　旋转发电机皮带预紧调节螺栓　　　图7-24　取下发电机皮带

第七步：取下发电机，更换新的发电机，安装顺序与拆卸顺序相反。

项目七 电源系的保养

检查与更换发电机任务工单

任务名称	检查与更换发电机	学 时		班 级	
学生姓名		学生学号		成 绩	
实训设备		实训场地		日 期	
客户任务	某17款卡罗拉轿车，客户来店提出检查、更换发电机的要求，是否应更换？请给予合理的解释。				
任务目的	1.能正确拆装发动机皮带； 2.熟悉检查、更换发电机的注意事项； 3.能够单独完成检查、更换发电机的操作。				

一、资讯

1.汽车发电机是汽车的主要电源，其功用是在发动机正常运转时（怠速以上），向所有用电设备（起动机除外）供电，同时向_____充电。

2.汽车发电机属于直流发电机还是交流发电机？_____

3.转子的功用是产生旋转_____。转子由爪极、_____、集电环、转子轴等组成。

4.定子的功用是产生_____。定子由_____和定子绕组成。

二、决策

如果车辆存在仪表盘蓄电池灯点亮，或同时存在车辆起动困难等现象，可进一步检查发动机工作情况，可采用方法如下：检测前先将发电机"电枢"接柱的导线拆下，再将试灯的一端夹住发电机"电枢"接柱，另一端搭铁，当发动机中速运转时，试灯亮起说明发电机工作正常，否则发电机不发电。在排除其他故障后，确诊发电机自身故障，则应该更换发电机。

三、计划

1.如果要检查、更换发电机，需要做哪些准备？

（1）设备：_____

（2）工具：_____

（3）零部件：_____

（4）耗材：_____

2.检查、更换发电机的操作步骤有哪些？

_____

_____

_____

续表

四、实施

根据操作注意事项,回答下列问题。

1. 拆卸蓄电池时,蓄电池正负极,先拆_____极。

2. 拆卸发动机电源线固定螺栓时,使用的工具是_____,型号是_____。

3. 用充电器给蓄电池充电,说明哪种情况下充电结束?_____

4. 如何调整发电机皮带的预紧度?_____

五、检查

根据操作流程,对操作过程进行如下检查,并做好记录。

1. 原车发电机是否工作正常?_____(是/否)

2. 如需更换发电机,发电机电源固定螺栓是否安装牢固?_____(是/否)

3. 如需更换发电机,发电机线束连接器是否安装牢固?_____(是/否)

4. 如需更换发电机,发电机皮带是否安装松紧度恰当?_____(是/否)

5. 起动发动机,检查发电机工作是否正常?_____(是/否)

六、评估

序号	考核内容	配分	得分
1	工装	15	
2	检查更换发电机过程	40	
3	作业后场地 5S 情况	25	
4	任务工单完成情况	20	

指导教师签字:_____

项目八 常见电气元件的更换

汽车的用电系统主要由起动系统、点火系统、照明系统、信号系统和辅助电器等组成。这里主要介绍汽车上几种常见的维护保养项目。

任务一　更换汽车喇叭

一、学习目标

1. 能够正确检测喇叭。
2. 能够更换喇叭。

二、理论知识

汽车上都装有喇叭,其主要功用是警告行人和其他车辆,引起注意,保证行车安全。喇叭按发音动力有气动和电动之分。电动喇叭声音悦耳、体积小、质量轻,已广泛用于各型汽车上。喇叭常见故障是不工作或声音不对。

三、需要的工具配件辅料和设备

更换喇叭作业所需工具有套筒扳手、棘轮、梅花扳手、一字螺钉旋具和十字螺钉旋具。

四、任务实施

第一步:拆卸前保险杠。

(1) 拆卸保险杠上端 4 个固定螺栓与 3 个卡扣。如图 8-1 和图 8-2 所示。

图 8-1 拆卸保险杠上端固定螺栓

图 8-2 拆卸保险杠上端卡扣

（2）拆卸前保险杠、保险杠下端与护板的连接卡扣与螺栓。如图 8-3 所示。

图 8-3 拆卸保险杠与挡泥板的固定螺栓

（3）断开前保险杠上两侧的雾灯连接器，如图 8-4 所示。

图 8-4 断开雾灯连接器

（4）取下前保险杠，如图8-5所示。

图8-5　取下前保险杠

第二步：断开喇叭线束连接器，松开喇叭固定螺栓（见图8-6）并取下喇叭。安装顺序与拆卸顺序相反。

图8-6　旋松喇叭固定螺栓

第三步：检查喇叭。

（1）使用跨接线连接喇叭正负极。如图8-7所示。

图8-7　跨接线连接喇叭

（2）将跨接线的正负极分别连接到蓄电池的正负极上，如果喇叭响了，则表示喇叭正常；如不响，须更换新的喇叭。如图8-8所示。

图 8-8　检查喇叭

第四步：安装喇叭，安装顺序与拆卸顺序相反。

更换汽车喇叭任务工单

任务名称	更换汽车喇叭	学　　时		班　　级	
学生姓名		学生学号		成　　绩	
实训设备		实训场地		日　　期	
客户任务	某 17 款卡罗拉轿车，客户来店提出更换汽车喇叭的要求，是否应更换？请给予合理的解释。				
任务目的	1. 能正确检查汽车喇叭； 2. 熟悉更换汽车喇叭的注意事项； 3. 能够单独完成更换汽车喇叭的操作。				

一、资讯

　　1. 汽车喇叭的作用是_____

　　2. 汽车喇叭按声音动力分为气喇叭和电喇叭两种，17 款卡罗拉轿车喇叭属于_____

　　3. 汽车电喇叭是靠金属膜片的_____从而发出声音。当司机按下喇叭开关时，电流经触点通过线圈，线圈产生磁力吸下衔铁，强制膜片移动，衔铁移动使触点断开，电流中断，线圈磁力消失，膜片在自身弹性和弹簧片作用下同衔铁一起恢复原位，触点闭合电路再次接通，电流通过触点流经线圈产生磁力，重复上述动作。如此反复循环膜片不断振动，从而发出音响。共鸣板与膜片刚性连接，可使振动平顺发出声音更加悦耳（即_____原理）。

　　4. 汽车喇叭有几根线？_____分别是什么？_____

二、决策

　　如果司机按下喇叭开关时，喇叭不响。经过测量，喇叭搭铁良好，按下喇叭开关时喇叭电源线电压正常，则可以诊断为喇叭自身故障，应更换喇叭。

三、计划

　　1. 如果要更换汽车喇叭，需要做哪些准备？

　　（1）设备：_____

　　（2）工具：_____

　　（3）零部件：_____

　　（4）耗材：_____

　　2. 更换汽车喇叭的操作步骤有哪些？

_____

_____

_____

四、实施

　　根据操作注意事项，回答下列问题。

　　1. 丰田拉罗拉喇叭位于前车轮内衬前端，即包裹在保险杠里面，更换时需要拆卸保险杠。拆卸保险杠，需要拆卸_____个固定螺栓和_____个卡扣。

　　2. 拆卸前保险杠时，需要断开_____灯连接器，然后才能完全取下前保险杠。

　　3. 断开喇叭线束连接器后，需要松开喇叭固定螺栓_____个，使用的工具是_____，型号是_____。

　　4. 拆卸下的喇叭需要使用跨接线跨接_____，以喇叭响声正常与否判断是否应更换新的喇叭。

续表

五、检查

　　根据操作流程，对操作过程进行如下检查，并做好记录。

　　1. 原车喇叭是否工作正常？_____（是 / 否）

　　2. 安装保险杠前是否连接好雾灯连接器？_____（是 / 否）

　　3. 保险杠安装是否牢固？_____（是 / 否）

　　4. 如需更换喇叭，更换后按下喇叭开关检查喇叭是否响声正常？_____（是 / 否）

六、评估

序号	考核内容	配分	得分
1	工装	15	
2	更换喇叭过程	40	
3	作业后场地 5S 情况	25	
4	任务工单完成情况	20	

指导教师签字：_____

任务二　更换电子节气门

一、学习目标

1. 了解电子节气门的功用与安装位置。
2. 能够正确更换节气门。

二、理论知识

电子节气门是汽车发动机的重要控制部件，其安装在进气软管与总管之间。常见故障是节气门内部位置传感器损坏。

三、需要的工具和设备

更换节气门作业所需工具有棘轮、套筒扳手、梅花扳手、一字螺钉旋具、尖嘴钳和抹布。

四、任务实施

第一步：操作前准备工作。

（1）放置车轮挡块。

（2）安装座椅套、转向盘套和脚垫。

（3）安装翼子板布。

第二步：拉紧驻车制动操纵杆。

第三步：将换挡杆置于P位。

第四步：点火开关置于"OFF"档，断开蓄电池负极。如图8-9和图8-10所示。

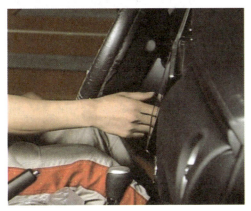　　

图8-9　点火开关置于OFF位置　　图8-10　断开蓄电池负极

第五步：拆卸节气门。

（1）拔下进气压力传感器线束连接器。如图8-11所示。

图8-11　拔下进气压力传感器线束连接器

（2）旋松中冷器与进气管的固定卡箍，断开中冷器上的冷却液水管。如图8-12和图8-13所示。

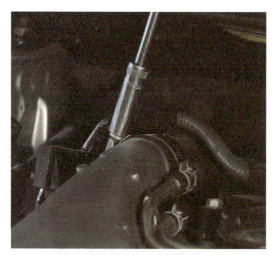

图8-12　旋松固定卡箍

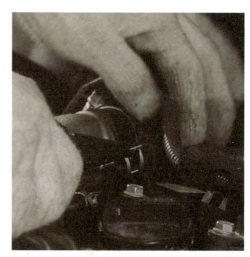

图8-13　断开中冷器上的冷却液水管

（3）松开中冷器与节气门上的2根固定螺栓和2个固定螺母，取下中冷器。如图8-14和图8-15所示。

图 8-14　拆卸节气门固定螺栓与螺母

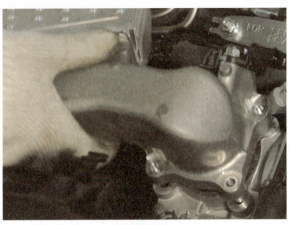

图 8-15　取下中冷器

（4）断开节气门上的线束连接器。如图 8-16 所示。

图 8-16　断开节气门线束连接器

（5）断开节气门上的冷却液预热水管，并使用胶塞堵塞水管，防止冷却液泄漏。如果没有胶塞，可用火花塞代替。如图 8-17 和图 8-18 所示。

图 8-17　断开节气门预热水管

图 8-18　用火花塞堵塞节气门预热水管

第六步：取下节气门并换上新的节气门，安装顺序与拆卸顺序相反。

第七步：安装蓄电池负极。如图8-19所示。

图8-19　安装蓄电池负极

第八步：连接丰田专用解码器，如图8-20所示。

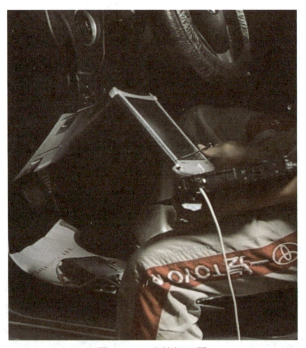

图8-20　连接解码器

第九步：启动发动机，检查发动机运转情况。

更换电子节气门任务工单

任务名称	更换电子节气门	学　　时		班　　级	
学生姓名		学生学号		成　　绩	
实训设备		实训场地		日　　期	
客户任务	某17款卡罗拉轿车，客户来店提出更换电子节气门的要求，是否应更换？请给予合理的解释。				
任务目的	1. 能正确检查汽车电子节气门； 2. 熟悉更换汽车电子节气门的注意事项； 3. 能够单独完成更换汽车电子节气门的操作。				

一、资讯
  1. 汽车电子节气门的位置是＿＿＿＿＿＿＿＿＿＿＿＿＿＿＿＿＿＿＿＿＿
  2. 汽车电子节气门的作用是＿＿＿＿＿＿＿＿＿＿＿＿＿＿＿＿＿＿＿＿＿
  3. 加速踏板位置传感器的基本原理是＿＿＿＿＿＿＿＿＿＿＿＿＿＿＿＿
  4. 节气门位置传感器的基本原理是＿＿＿＿＿＿＿＿＿＿＿＿＿＿＿＿＿
  5. 节气门控制电机的类型主要有＿＿＿＿＿＿、＿＿＿＿＿＿。17款卡罗拉轿车的节气门控制电机属于
＿＿＿＿＿＿。

二、决策
  电子节气门的常见故障是内部传感器损坏，此时除了需要更换电子节气门外，还需要对发动机电控系统进行学习值清除。

三、计划
  1. 如果要更换电子节气门，需要做哪些准备？
  （1）设备：＿＿＿＿＿＿＿＿＿＿＿＿＿＿＿＿＿＿＿＿＿＿＿＿＿＿＿＿＿＿
  （2）工具：＿＿＿＿＿＿＿＿＿＿＿＿＿＿＿＿＿＿＿＿＿＿＿＿＿＿＿＿＿＿
  （3）零部件：＿＿＿＿＿＿＿＿＿＿＿＿＿＿＿＿＿＿＿＿＿＿＿＿＿＿＿＿
  （4）耗材：＿＿＿＿＿＿＿＿＿＿＿＿＿＿＿＿＿＿＿＿＿＿＿＿＿＿＿＿＿
  2. 更换电子节气门的操作步骤有哪些？
_____
_____
_____

四、实施
  根据操作注意事项，回答下列问题。
  1. 拆卸空气流量计线束连接器前，需要对蓄电池有什么操作？＿＿＿＿＿＿＿。此线束连接器几根线？＿＿＿＿＿＿＿
  2. 曲轴箱通风有什么作用？＿＿＿＿＿＿＿＿＿＿＿＿＿＿＿＿＿＿＿＿＿＿
  3. 节气门与进气软管之间依靠＿＿＿＿＿＿＿＿＿固定。
  4. 断开节气门上的线束连接器，此连接器几根线？＿＿＿＿＿＿＿
  5. 要拆卸节气门，需要松开节气门上的＿＿＿＿＿＿＿固定螺栓，工具及型号是＿＿＿＿＿＿＿
  6. 诊断插座的位置在＿＿＿＿＿＿＿＿＿＿＿＿＿＿＿＿＿＿＿＿＿＿＿＿
  7. 清除学习值的方法是＿＿＿＿＿＿＿＿＿＿＿＿＿＿＿＿＿＿＿＿＿＿＿
_____

续表

五、检查
根据操作流程，对操作过程进行如下检查，并做好记录。
1. 是否清除学习值？_____（是 / 否）
2. 操作后试车，发动机工作是否正常？_____（是 / 否）

六、评估

序号	考核内容	配分	得分
1	工装	15	
2	更换电子节气门	40	
3	作业后场地 5S 情况	25	
4	任务工单完成情况	20	

指导教师签字：_____

任务三　更换大灯总成

一、学习目标

1. 能够正确检测前照灯。
2. 能够更换大灯总成。

二、理论知识

汽车前照明灯主要是用于夜间行车时的道路照明，提高汽车的行驶速度，确保夜间行车的安全。

前照灯装于汽车头部两侧。前照灯有两灯制和四灯制之分，功率一般为 40~60W。常见故障为灯不亮。

三、需要的工具和设备

更换大灯总成作业所需工具有棘轮、套筒扳手、梅花扳手、一字螺钉旋具、十字螺钉旋具和抹布。

四、任务实施

1. 大灯总成的检查

（1）点火开关置于"ON"位置，打开大灯开关，大灯灯泡应点亮，如图 8-21 所示。

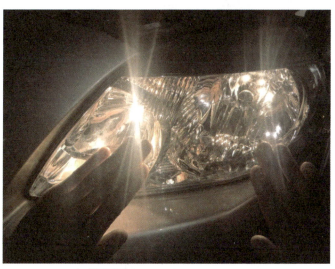

图 8-21　点亮大灯灯泡

（2）灯光调节，使用工具转动灯光调节旋钮，调节灯光至规定要求。如图8-22所示。

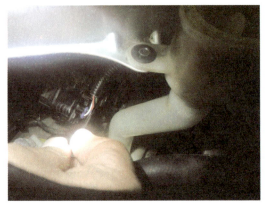

图8-22　灯光调节

2. 更换大灯总成

第一步：拆卸前保险杠，参照本项目任务一。

第二步：松开大灯上部与翼子板之间的固定卡扣，如图8-23所示。

图8-23　旋松大灯的固定卡扣

第三步：松开大灯下部与翼子板之间的固定螺栓。如图8-24所示。

图8-24　旋松大灯固定螺栓

第四步：取下大灯并断开大灯线束连接器。如图 8-25 和图 8-26 所示。

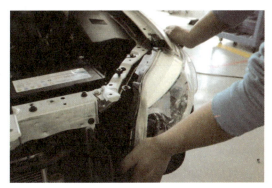

图 8-25　取下大灯总成

图 8-26　断开大灯线束连接器

第五步：安装新的大灯总成，与拆卸顺序相反。

更换大灯总成任务工单

任务名称	更换大灯总成	学 时		班 级	
学生姓名		学生学号		成 绩	
实训设备		实训场地		日 期	
客户任务	某17款卡罗拉轿车大灯不亮,客户来店提出更换大灯总成的要求,是否应更换?请给予合理的解释。				
任务目的	1. 能正确检查汽车大灯; 2. 熟悉更换大灯总成的注意事项; 3. 能够单独完成大灯总成更换的操作。				

一、资讯

1. 检查大灯时,点火开关置于_____位置,大灯开关的位置在_____。
2. 大灯有什么作用?_____
3. 大灯的安装位置在_____

二、决策

大灯总成的更换前提条件是:①灯光不亮,经过测量灯泡_____、大灯的控制电路无问题。②大灯总成外观损坏。只有满足上述条件,才需要更换大灯总成。

三、计划

1. 如果要更换大灯总成,需要做哪些准备?
（1）设备:_____
（2）工具:_____
（3）零部件:_____
（4）耗材:_____
2. 更换大灯总成的操作步骤有哪些?

_____
_____
_____

四、实施

根据操作注意事项,回答下列问题。

1. 灯光如何调节?_____
2. 大灯上部与翼子板之间有_____个固定卡扣。
3. 大灯下部与翼子板之间有_____个固定螺栓。
4. 安装新大灯时,大灯线束连接器是否插接?_____（是/否）

续表

五、检查

根据操作流程,对操作过程进行如下检查,并做好记录。

1. 各固定螺栓是否紧固? _____ (是/否)

2. 更换完毕后,经检查灯光是否工作良好? _____ (是/否)

六、评估

序号	考核内容	配分	得分
1	工装	15	
2	检查、更换大灯总成过程	40	
3	作业后场地 5S 情况	25	
4	任务工单完成情况	20	

指导教师签字:_____

任务四　更换玻璃升降器

一、学习目标

1. 能够正确检测玻璃升降器。
2. 能够更换玻璃升降器。

二、理论知识

玻璃升降器是电动车窗系统的重要组成部件，控制车门玻璃的升降运动，保证车门窗玻璃平稳升降，并顺利地开启和关闭。玻璃升降器的常见故障是不动作或动作不到位。

三、需要的工具和设备

更换玻璃升降器作业所需工具有棘轮、套筒扳手、一字螺钉旋具、十字螺钉旋具和翘板。

四、任务实施

1. 玻璃升降器的检查

（1）检查玻璃升降器电机线圈的阻值，应小于10Ω。如图8-27所示。

图8-27　检查电机阻值

（2）检查玻璃升降器的运转情况，将电机与开关的连接器接好，点火开关置于"ON"位置，按下或上提开关，玻璃升降器应运转正常，无卡滞。如图8-28所示。

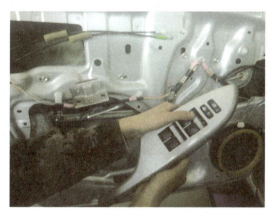

图8-28　检查升降器的运转情况

2. 更换玻璃升降器

第一步：拆卸车门装饰板。

（1）旋松车门内装饰板升降器开关附近的固定螺栓。如图8-29所示。

图8-29　旋松固定螺栓

（2）撬开玻璃升降器开关总成并断开总成线束连接器。如图8-30和图8-31所示。

图8-30　撬开升降器开关

图8-31　断开线束连接器

（3）撬开车内门把手处装饰板，并将此处的固定螺栓松开。如图8-32和图8-33所示。

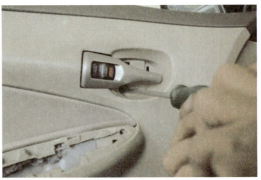

图8-32　撬开装饰板　　　　　　　　　　图8-33　松开固定螺栓

（4）使用撬板撬开车门内装饰板并取下。如图8-34所示。

图8-34　撬开车门内装饰板

（5）断开装饰板后部门锁的拉线，如图8-35所示。

图8-35　断开门锁拉线

第二步：断开玻璃升降器线束连接器，如图8-36所示。

图8-36　断开升降器线束连接器

第三步：将玻璃升至适当处，松开玻璃支架的两处固定螺母，扶好玻璃移至最上端。如图8-37和图8-38所示。

图8-37　旋松左侧玻璃的固定螺栓　　　　图8-38　旋松右侧玻璃的固定螺栓

第四步：旋松玻璃升降器的6个固定螺母，如图8-39所示。

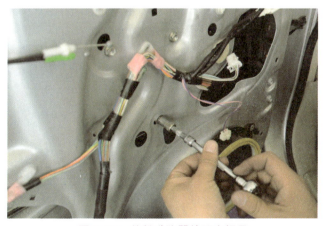

图8-39　旋松升降器的固定螺母

第五步：取出升降器总成，如图 8-40 所示。注意此时可将玻璃轻放至最下端。升降器总成如图 8-41 所示。

图 8-40　取出升降器总成

图 8-41　升降器总成

第六步：安装新的玻璃升降器，顺序与安装顺序相反。

项目八　常见电气元件的更换

更换玻璃升降器任务工单

任务名称	更换玻璃升降器	学　　时		班　　级	
学生姓名		学生学号		成　　绩	
实训设备		实训场地		日　　期	
客户任务	某17款卡罗拉轿车的车门玻璃无法正常升降,客户来店提出更换玻璃升降器的要求,是否应更换?请给予合理的解释。				
任务目的	1. 能正确检查玻璃升降器; 2. 熟悉更换玻璃升降器的注意事项; 3. 能够单独完成更换玻璃升降器的操作。				

一、资讯

　1. 玻璃升降器的作用是＿＿＿＿＿＿＿＿＿＿＿＿＿＿＿＿＿＿＿＿＿＿

　2. 玻璃升降器是哪个系统装置的重要组成部件?＿＿＿＿＿＿＿＿＿＿＿＿＿＿

二、决策

　当玻璃升降器出现＿＿＿＿＿＿＿＿＿＿＿＿＿＿＿＿＿＿＿＿＿＿＿＿＿＿＿＿＿

现象,经过检查＿＿＿＿＿＿＿＿＿＿＿＿＿＿＿＿＿＿＿＿＿＿＿＿＿,该应予以更换。

三、计划

　1. 如果要更换玻璃升降器,需要做哪些准备?

　(1) 设备:＿＿＿＿＿＿＿＿＿＿＿＿＿＿＿＿＿＿＿＿＿＿＿＿＿＿＿＿＿＿

　(2) 工具:＿＿＿＿＿＿＿＿＿＿＿＿＿＿＿＿＿＿＿＿＿＿＿＿＿＿＿＿＿＿

　(3) 零部件:＿＿＿＿＿＿＿＿＿＿＿＿＿＿＿＿＿＿＿＿＿＿＿＿＿＿＿＿＿

　(4) 耗材:＿＿＿＿＿＿＿＿＿＿＿＿＿＿＿＿＿＿＿＿＿＿＿＿＿＿＿＿＿＿

　2. 更换玻璃升降器的操作步骤有哪些?

＿＿＿＿＿＿＿＿＿＿＿＿＿＿＿＿＿＿＿＿＿＿＿＿＿＿＿＿＿＿＿＿＿＿＿＿＿＿＿

＿＿＿＿＿＿＿＿＿＿＿＿＿＿＿＿＿＿＿＿＿＿＿＿＿＿＿＿＿＿＿＿＿＿＿＿＿＿＿

＿＿＿＿＿＿＿＿＿＿＿＿＿＿＿＿＿＿＿＿＿＿＿＿＿＿＿＿＿＿＿＿＿＿＿＿＿＿＿

四、实施

　根据操作注意事项,回答下列问题。

　1. 操作4个升降器开关,检查手动上升和下降功能是否正常?＿＿＿＿＿＿

　2. 检查车窗锁止开关,检查前排乘客侧和后排车窗被禁用功能是否正常?＿＿＿＿＿

　3. 操作驾驶员升降器开关,检查自动上升和下降功能是否正常?＿＿＿＿＿＿

　4. 操作驾驶员升降器开关,检查防夹功能是否正常?＿＿＿＿＿＿

　5. 拆卸前扶手上面板,需要使用的工具是＿＿＿＿＿＿

续表

五、检查

根据操作流程，对操作过程进行如下检查，并做好记录。

1. 更换玻璃升降器前，蓄电池负极电缆是否断开？_____
2. 安装新玻璃升降器后，是否连接蓄电池负极电缆？_____
3. 更换完毕后，测试玻璃升降器是否正常工作？_____

六、评估

序号	考核内容	配分	得分
1	工装	15	
2	更换玻璃升降器过程	40	
3	作业后场地 5S 情况	25	
4	任务工单完成情况	20	

指导教师签字：_____

任务五　更换火花塞

一、学习目标

1. 能够正确检查火花塞。
2. 能够更换火花塞。

二、理论知识

火花塞是发动机点火系统的重要组成部件，点火系统功用是在火花塞处产生高压电火花，按发动机的工作顺序点燃气缸内的可燃混合气。火花塞的常见故障为火花塞电极有积碳，间隙过大，裙部有裂纹。

三、需要的工具和设备

更换火花塞作业所需工具有棘轮、套筒扳手和长接杆。

四、任务实施

第一步：断开点火控制器线束连接器，如图8-42所示。

图8-42　断开线束连接器

第二步：松开点火控制器固定螺栓并取出点火控制器。如图 8-43 和图 8-44 所示。

图 8-43　旋松固定螺栓

图 8-44　取出点火控制器

第三步：松开火花塞，如图 8-45 所示。

第四步：使用点火控制器将火花塞取出，如图 8-46 所示。

图 8-45　松开火花塞

图 8-46　取出火花塞

第五步：检查火花塞裙部陶瓷有无裂纹，火花塞电极间隙及积碳情况。如图 8-47 和图 8-48 所示。

图 8-47　检查火花塞裙部陶瓷有无裂纹

图 8-48　检查火花塞电极间隙及积碳

第六步：安装新的火花塞，顺序与拆卸顺序相反。

项目八 常见电气元件的更换

更火花塞任务工单

任务名称	更换火花塞	学　　时		班　　级	
学生姓名		学生学号		成　　绩	
实训设备		实训场地		日　　期	
客户任务	某17款卡罗拉轿车行驶了6万公里，出现动力性下降、油耗偏高的现象，客户来店提出更换火花塞的要求，是否应更换？请给予合理的解释。				
任务目的	1. 能正确检查火花塞； 2. 熟悉更换火花塞的注意事项； 3. 能够单独完成更换火花塞的操作。				

一、资讯

　　1. 火花塞的作用是_____

　　2. 火花塞属于哪个系统的重要装置？_____

　　3. 火花塞的正电一端是_____

　　4. 火花塞的负极搭铁是依靠_____

　　5. 火花塞的点火电压是_____

二、决策

　　火花塞更换的建议周期是_____；或者检查火花塞，当火花塞出现_____时，应该及时更换火花塞。本车车主提出更换火花塞的要求，是否应更换？_____（是/否）。

三、计划

　　1. 如果要更换火花塞，需要做哪些准备？

　　（1）设备：_____

　　（2）工具：_____

　　（3）零部件：_____

　　（4）耗材：_____

　　2. 更换火花塞的操作步骤有哪些？

_____

_____

_____

四、实施

　　根据操作注意事项，回答下列问题。

　　1. 更换火花塞时，点火开关是否应处于"off"位置？_____（是/否）。

　　2. 更换火花塞时，需要使用的工具是_____。

续表

五、检查

根据操作流程，对操作过程进行如下检查，并做好记录。

1. 检查原车火花塞间隙为_____
2. 原车火花塞是否积碳过多？_____（是/否）
3. 原车火花塞电极有无烧损？_____（是/否）
4. 原车火花塞裙部陶瓷有无裂纹？_____（是/否）
5. 新更换的火花塞型号是否与原车一致？（是/否）
6. 新更换的火花塞是否安装牢固？_____（是/否）
7. 更换完毕后，起动发动机，检查发动机是否正常工作？_____（是/否）

六、评估

序号	考核内容	配分	得分
1	工装	15	
2	更换火花塞过程	40	
3	作业后场地 5S 情况	25	
4	任务工单完成情况	20	

指导教师签字：_____

任务六 更换喷油器

一、学习目标

1. 能够正确检查喷油器。
2. 能够更换喷油器。

二、理论知识

喷油器是发动机供油系统的重要组成部件。其主要功用是按照发动机电脑计算出的喷射正时和脉宽（喷油量），控制其电磁阀线圈的电流接通或断开，针阀上升或下降，喷油器喷出雾状汽油或不喷油。喷油器的常见故障为燃油喷射状况不好，内部针阀因结焦卡死或线圈不工作。

三、需要的工具和设备

更换喷油器作业所需工具有棘轮、套筒扳手、梅花扳手和抹布。

四、任务实施

第一步：卸掉供油系统油压（参考项目三中的任务二）。

第二步：断开喷油器线束连接器，如图8-49所示。

图8-49 拔下喷油器线束连接器

第三步：断开燃油导轨供油管路，拆卸燃油导轨与发动机后方的固定螺栓。如图8-50和图8-51所示。

图8-50　拔下供油管路

图8-51　旋松燃油导轨的固定螺栓

第四步：松开燃油导轨与发动机在喷油器处的固定螺栓，如图8-52所示。

图8-52　旋松燃油导轨处的固定螺栓

第五步：取下燃油导轨与喷油器，再将喷油器从燃油导轨上取下。如图8-53和图8-54所示。

图8-53　取下燃油导轨

图8-54　取下喷油器

第六步：安装新的喷油器，顺序与拆卸顺序相反。

注意：喷油器的检查可用万用表测量喷油器电阻值，应符合维修手册中的规定。

项目八　常见电气元件的更换

更换喷油器任务工单

任务名称	更换喷油器	学　　时		班　　级	
学生姓名		学生学号		成　　绩	
实训设备		实训场地		日　　期	
客户任务	某 17 款卡罗拉轿车行驶了 6 万公里，出现动力性下降、油耗偏高的现象，客户来店提出更换喷油器的要求，是否应更换？请给予合理的解释。				
任务目的	1. 能正确检查喷油器； 2. 熟悉更换喷油器的注意事项； 3. 能够单独完成喷油器的操作。				

一、资讯

　1. 喷油器的作用是_____

　2. 喷油器属于哪个系统的重要装置？_____

　3. 喷油器有_____和_____两种结构，17 款卡罗拉轿车喷油器属于_____结构。

　4. 喷油器工作的基本原理是_____

二、决策

　检查喷油器，当喷油器出现_____
_____时，应该及时更换喷油器。本车车主提出更换喷油器的要求，是否应更换？_____（是 / 否）。

三、计划

　1. 如果要更换喷油器，需要做哪些准备？

　（1）设备：_____

　（2）工具：_____

　（3）零部件：_____

　（4）耗材：_____

　2. 更换喷油器的操作步骤有哪些？
_____
_____
_____

四、实施

　根据操作注意事项，回答下列问题。

　1. 更换喷油器前，如何卸掉供油系统油压？_____
_____
_____

　2. 如何检测喷油器是否良好？_____
_____
_____

143

续表

五、检查

根据操作流程,对操作过程进行如下检查,并做好记录。

1. 检查原车喷油器是否良好?_____(是/否)
2. 如果需要安装新的喷油器,需要更换_____
3. 如果安装新的喷油器,喷油器是否安装牢固?_____(是/否)
4. 更换完毕后,起动发动机,检查发动机是否正常工作?_____(是/否)

六、评估

序号	考核内容	配分	得分
1	工装	15	
2	检查、更换喷油器过程	40	
3	作业后场地 5S 情况	25	
4	任务工单完成情况	20	

指导教师签字:_____

项目九 常见机械元件的更换

汽车的一些机械元件在使用一段时间后需要进行保养或更换，常见的有发动机皮带、减震器、半轴及轴承。

任务一　更换发动机皮带

一、学习目标

1. 会正确检查发动机皮带。
2. 能够更换发动机皮带。

二、理论知识

发动机皮带的主要功用是将发动机的动力传给发电机与压缩机，使它们能够正常工作，有些车辆还要带动水泵。发动机皮带的常见故障有皮带出现裂纹或断裂。

三、需要的工具和设备

更换发动机皮带作业所需工具有棘轮、套筒扳手、梅花扳手、一字螺钉旋具和抹布。

四、任务实施

第一步：操作前准备工作。
（1）放置车轮挡块。
（2）安装座椅套、转向盘套和脚垫。
（3）安装翼子板布。
第二步：拉紧驻车制动操纵杆。
第三步：将换挡杆置于 P 位。

145

第四步:举升车辆至适当高度。如图9-1所示。

图9-1 举升车辆

第五步:拆卸右前轮胎。如图9-2所示。

第六步:拆卸发动机右侧底罩。如图9-3所示。

图9-2 拆卸右前轮　　　　　　　　图9-3 拆卸右侧底罩

第七步:逆时针方向转动发动机皮带张紧器,插入张紧器定位销。如图9-4所示。

第八步:取下皮带,更换新的皮带,安装好。如图9-5所示。

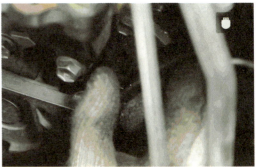

图9-4 逆时针转动张紧器并插入定位销　　　　　　图9-5 取下皮带

第九步:逆时针方向转动发动机皮带张紧器,拔出张紧器定位销,释放张紧力。如图 9-6 所示。

图 9-6　拔出张紧器定位销并释放张紧力

第十步:检查发动机皮带。如图 9-7 所示。使用张力器施加 98N 的张紧力。

图 9-7　检查发动机皮带

第十一步:安装发动机右侧底罩、安装轮胎,与拆卸顺序相反。
第十二步:降下车辆,启动发动机,检查发动机皮带运转情况。

更换发动机皮带任务工单

任务名称	更换发动机皮带	学　　时		班　　级	
学生姓名		学生学号		成　　绩	
实训设备		实训场地		日　　期	
客户任务	某17款卡罗拉轿车，客户来店提出更换发动机皮带的要求，是否应更换？请给予合理的解释。				
任务目的	1. 能正确检查发动机皮带； 2. 熟悉更换发动机皮带的注意事项； 3. 能够单独完成更换发动机皮带的操作。				

一、资讯

　　1. 发动机皮带将发动机的动力传递给_____和_____。

　　2. 皮带常见的故障有_____

　　3. 机械动力传递有_____、_____和带传动三种方式，其中带传动的优点是_____。

二、决策

　　检查皮带，当皮带出现_____时，应该及时更换皮带。本车车主提出更换皮带的要求，是否应更换？_____（是/否）。

三、计划

　　1. 如果要更换皮带，需要做哪些准备？

　　（1）设备：_____

　　（2）工具：_____

　　（3）零部件：_____

　　（4）耗材：_____

　　2. 更换皮带的操作步骤有哪些？

_____

_____

_____

四、实施

　　根据操作注意事项，回答下列问题。

　　1. 检查皮带有无裂纹？_____

　　2. 如何检查皮带的预紧度？_____

　　3. _____（逆时针方向/顺时针方向）转动发动机皮带张紧器，拔出张紧器定位销，释放张紧力。

续表

五、检查

根据操作流程，对操作过程进行如下检查，并做好记录。

1. 检查原车皮带是否良好？_____（是/否）

2. 安装皮带后，预紧度是否符合要求？_____（是/否）

3. 更换完毕后，起动发动机，检查发动机皮带是否正常工作？_____（是/否）

六、评估

序号	考核内容	配分	得分
1	工装	15	
2	检查、更换皮带过程	40	
3	作业后场地 5S 情况	25	
4	任务工单完成情况	20	

指导教师签字：_____

任务二　更换减震器

一、学习目标

1. 能够正确检查减震器。
2. 能够更换减震器。

二、理论知识

汽车减震器是行驶系的重要组成部件，其主要功用是用来加速衰减弹簧反弹时的震荡以及来自路面的冲击。汽车减震器广泛用于汽车，以改善汽车的行驶平顺性。常见故障是减震器漏油。

三、需要的工具和设备

更换减震器作业所需工具有棘轮、套筒扳手、梅花扳手、减震器拆装专用工具、一字螺钉旋具和抹布。

四、任务实施

1. 减震器的检查

（1）观察减震器外观，应无漏油现象。

（2）用力按一下保险杠，然后瞬间松开，如果车子弹起来只有一两次，则说明减震器工作良好；如果车子一直跳跃不停，就说明汽车减震器有问题。如图9-8所示。

图9-8　按压前保险杠

2. 更换前减震器

前减震器的更换需要做四轮定位。前减震器的更换操作步骤如下：

第一步：操作前准备工作。

（1）放置车轮挡块。

（2）安装座椅套、转向盘套和脚垫。

（3）安装翼子板布。

第二步：拉紧驻车制动操纵杆。

第三步：将换挡杆置于 P 位。

第四步：拆卸刮水器臂端盖，拆卸左右两侧刮水器总成。如图 9-9 所示。

图 9-9　拆卸左右侧刮水器总成

第五步：拆卸集雨罩盖板。如图 9-10 所示。

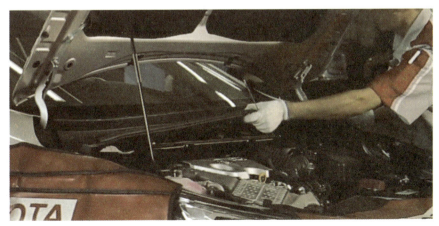

图 9-10　拆卸集雨罩盖板

第六步：举升车辆至适当高度，拆卸右前轮。
第七步：拆卸制动软管的固定螺栓。如图 9-11 所示。
第八步：拆卸减震器上的横拉杆纵拉臂固定螺母。如图 9-12 所示。

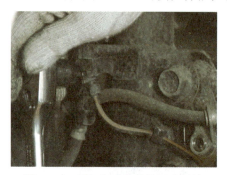

图 9-11　拆卸制动软管的固定螺栓

图 9-12　拆卸横拉杆纵拉臂固定螺母

第九步：拆卸减震器与转向节连接的固定螺栓和螺母。如图 9-13 和图 9-14 所示。

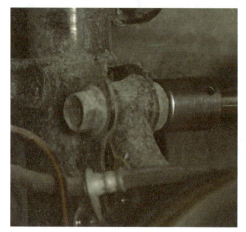

图 9-13　拆卸减震器与转向节的固定螺栓和螺母

图 9-14　减震器与转向节固定螺栓拆卸后

第十步：降低车辆高度，旋松减震器上部 3 个固定螺母，并从车上取下减震器。如图 9-15 和图 9-16 所示。

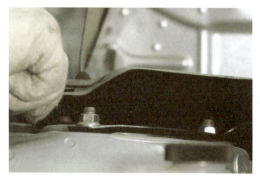

图 9-15　旋松减震器上的固定螺母

图 9-16　取下减震器

第十一步：分解减震器总成。

（1）安装减震器专用工具，压缩减震器弹簧至适当程度。如图9-17和图9-18所示。

图9-17　安装专用工具

图9-18　压缩减震器弹簧

（2）取下减震器上部盖板，旋松上部固定螺母。如图9-19和图9-20所示。

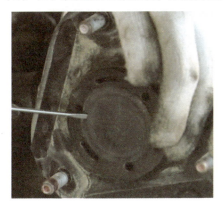

图9-19　取下减震器上部盖板

图9-20　旋松减震器上部固定螺母

（3）依次取下上盖、压力轴承、弹簧上部支座、胶套（白）、防尘胶套（黑）和减震器。减震器总成解体如图9-21所示。

图9-21　减震器总成解体

第十二步：更换新的减震器，安装顺序与拆卸顺序相反。依次安装车轮、集雨罩和雨刮器总成，步骤与拆卸顺序相反。

3. 更换后减震器

第一步：打开后备厢，取出杂物与侧面衬板，拆卸后减震器固定螺母。如图 9-22 所示。

第二步：举升车辆至适当高度，拆卸后减震器下端固定螺母。如图 9-23 所示。

图 9-22　拆卸减震器固定螺母

图 9-23　旋松减震器下端固定螺母

第三步：取下减震器，安装新的减震器，顺序与安装顺序相反。

项目九　常见机械元件的更换

更换减震器任务工单

任务名称	更换减震器	学　　时		班　　级	
学生姓名		学生学号		成　　绩	
实训设备		实训场地		日　　期	
客户任务	某17款卡罗拉轿车，客户来店提出更换减震器的要求，是否应更换？请给予合理的解释。				
任务目的	1. 能正确检查减震器； 2. 熟悉更换减震器的注意事项； 3. 能够单独完成更换减震器的操作。				

一、资讯

　　1. 减震器是_____系统的重要组成部分。

　　2. 减震器的作用是_____

　　3. 减震器的常见故障有_____

二、决策

　　检查减震器，当出现_____

_____时，

应该及时更换减震器。本车车主提出更换减震器的要求，是否应更换？_____（是/否）。

三、计划

　　1. 如果要更换减震器，需要做哪些准备？

　　（1）设备：_____

　　（2）工具：_____

　　（3）零部件：_____

　　（4）耗材：_____

　　2. 更换减震器的操作步骤有哪些？

_____

_____

_____

四、实施

　　根据操作注意事项，回答下列问题。

　　1. 检查原车减震器外观有无漏油现象？_____

　　2. 使用_____工具压缩螺旋弹簧。

五、检查

　　根据操作流程，对操作过程进行如下检查，并做好记录。

　　1. 检查原车减震器是否良好？_____（是/否）

　　2. 各螺栓安装是否牢固可靠？_____（是/否）

　　3. 作业后，起动车辆，检查车辆是否正常？_____（是/否）

续表

六、评估			
序号	考核内容	配分	得分
1	工装	15	
2	检查、更换减震器过程	40	
3	作业后场地 5S 情况	25	
4	任务工单完成情况	20	

指导教师签字：＿＿＿＿＿＿

任务三 更换半轴

一、学习目标

1. 了解汽车半轴的作用与支承型式。
2. 能够更换半轴。

二、理论知识

半轴是汽车传动系的重要组成部件,其主要功用是将变速箱输出的动力传给车轮。半轴的内端一般通过花键与半轴齿轮连接,外端与轮毂连接。

现代汽车常用的半轴,根据其支承型式不同,有全浮式半轴和半浮式半轴两种。全浮式半轴只传递转矩,不承受任何反力和弯矩,因而广泛应用于各类汽车上。半浮式半轴既传递扭矩,又承受全部反力和弯矩。它的支承结构简单、成本低,因而被广泛用于反力弯矩较小的各类轿车上。

三、需要的工具和设备

更换半轴作业所需工具有棘轮、套筒扳手、公斤扳手、一字螺钉旋具、十字螺钉旋具、锤子、梅花扳手和抹布。

四、任务实施

1. 半轴的检查

(1)半轴安装应牢固可靠,外观无损伤。

(2)检查半轴防尘套有无裂纹、有无渗漏。如图9-24所示。

图9-24 检查防尘套

（3）检查防尘套卡箍安装是否牢固可靠。如图9-25所示。

图9-25 检查防尘套卡箍

2. 更换半轴

第一步：操作前准备工作。

（1）放置车轮挡块。

（2）安装座椅套、转向盘套和脚垫。

（3）安装翼子板布。

第二步：拉紧驻车制动操纵杆。

第三步：将换挡杆置于P位。

第四步：举升车辆至适当高度，拆卸右前轮。

第五步：将车辆升至适当高度，排放变速箱油。如图9-26所示。

图9-26 排放变速箱油

第六步：降低车辆至适当高度，拆卸半轴自锁螺母。如图 9-27 所示。

第七步：将车轮向外旋转，拆卸制动软管和轮速传感器。如图 9-28 所示。

图 9-27　拆卸半轴自锁螺母

图 9-28　拆卸制动软管和轮速传感器

第八步：取出转向横拉杆外球头与转向节之间固定螺母的插销，并松开固定螺母，使用专用工具让球头与转向节分开。如图 9-29~图 9-31 所示。

图 9-29　取出固定螺母的插销

图 9-30　松开转向球头固定螺母

图 9-31　用专用工具分开球头与转向节

第九步：松开下支臂与下支臂球头之间的 3 个固定螺母。如图 9-32 和图 9-33 所示。

图 9-32　旋松下支臂球头固定螺母

图 9-33　分离下支臂与下支臂球头

第十步：使用铜棒与铁锤向内敲击半轴。如图 9-34 所示。

第十一步：从转向节中取出半轴外侧。如图 9-35 所示。

图 9-34　使用铜棒与铁锤向内敲击半轴

图 9-35　将半轴从转向节中取出

第十二步：拆卸半轴内侧，在变速箱与万向节之间插入专用工具，分离半轴并取出。如图9-36和图9-37所示。

图9-36 使用专用工具分离半轴内侧　　　　　图9-37 取出半轴

第十三步：更换新的半轴，安装顺序与拆卸顺序相反。

注意：应更换新的半轴自锁螺母，安装时，应注意不要碰到半轴油封。

第十四步：使用专用设备加入CVT专用变速箱油至标准油位。如图9-38所示。

图9-38 加注CVT油

更换半轴任务工单

任务名称	更换半轴	学　　时		班　　级	
学生姓名		学生学号		成　　绩	
实训设备		实训场地		日　　期	
客户任务	某17款卡罗拉轿车，客户来店提出更换半轴的要求，是否应更换？请给予合理的解释。				
任务目的	1. 熟悉更换半轴的注意事项； 2. 能够单独完成更换半轴的操作。				

一、资讯

　　1. 半轴的作用是_____

　　2. 半轴属于_____系统的重要组成部分。

　　3. 发动机的动力需要通过_____

_____

_____

传递到半轴，再通过半轴通过_____

_____传递给车轮。

二、决策

　　当出现_____

_____时，

应该及时更换半轴。本车车主提出更换半轴的要求，是否应更换？_____（是/否）。

三、计划

　　1. 如果要更换半轴，需要做哪些准备？

　　（1）设备：_____

　　（2）工具：_____

　　（3）零部件：_____

　　（4）耗材：_____

　　2. 更换半轴的操作步骤有哪些？

_____

_____

_____

四、实施

　　根据操作注意事项，回答下列问题。

　　1. 车辆举升后是否安全锁止？_____（是/否）

　　2. 是否排放变速箱油？_____（是/否）

　　3. 是否拆下半轴自锁螺母？_____（是/否）

　　4. 是否分离轮速传感器？_____（是/否）

续表

5. 检查原车半轴，外观有无损伤？_____（是/否）半轴防尘套有无裂纹和渗漏？_____（是/否）防尘套安装是否牢固？_____（是/否）

6. 是否使用专业设备加注 CVT 专用变速箱油？_____（是/否）

7. 是否检查变速箱油位并进行调整？_____（是/否）

五、检查

根据操作流程，对操作过程进行如下检查，并做好记录。

1. 变速箱放油螺塞是否安装紧固？_____（是/否）

2. 添加变速箱油至_____位置。

3. 车轮是否安装紧固？_____（是/否）

4. 更换完毕后，检查变速箱是否漏油？_____（是/否）

5. 作业后，起动车辆，检查车辆是否正常？_____（是/否）

六、评估

序号	考核内容	配分	得分
1	工装	15	
2	检查、更换半轴过程	40	
3	作业后场地 5S 情况	25	
4	任务工单完成情况	20	

指导教师签字：_____

任务四　更换轴承

一、学习目标

1. 能够正确检查轴承。
2. 能够更换轴承。

二、理论知识

轮毂轴承是汽车车轴处用来承重和为轮毂的转动提供精确引导的部件，既承受轴向载荷，又承受径向载荷，是汽车载重和转动的重要组成部分。常见故障是轴承有响声，汽车行驶或制动时有跑偏现象。

三、需要的工具和设备

更换半轴轴承作业所需工具有棘轮、套筒扳手、公斤扳手、一字螺钉旋具、十字螺钉旋具、梅花扳手、立式千斤顶和抹布。

四、任务实施

第一步：操作前准备工作。

（1）放置车轮挡块。

（2）安装座椅套、转向盘套和脚垫。

（3）安装翼子板布。

第二步：拉紧驻车制动操纵杆。

第三步：将换挡杆置于P位。

第四步：拆卸半轴，参考本项目的任务三。

第五步：拆卸转向节与减震器之间的固定螺母。如图9-39所示。

第六步：取下转向节，利用立式千斤顶压出转向节内的车轮轴承。

第七步：安装新的轴承，顺序与拆卸顺序相反。

第八步：做四轮定位。

图9-39　拆卸减震器与转向节之间的固定螺栓

更换轴承任务工单

任务名称	更换轴承	学　　时		班　　级	
学生姓名		学生学号		成　　绩	
实训设备		实训场地		日　　期	
客户任务	某17款卡罗拉轿车，行驶中车轮轴承位置有异响。客户来店提出检查更换半轴的要求，是否应更换？请给予合理的解释。				
任务目的	1. 能正确检查轴承； 2. 熟悉更换轴承的注意事项； 3. 能够单独完成更换轴承的操作。				

一、资讯

1. 轮毂轴承的作用是_____

2. 轮毂轴承常见的故障现象是_____

二、决策

检查轮毂轴承，当轮毂轴承出现_____

_____时，应该

及时更换轮毂轴承。车主提出更换轮毂轴承的要求，是否应更换？_____（是/否）

三、计划

1. 如果要更换轮毂轴承，需要做哪些准备？

（1）设备：_____

（2）工具：_____

（3）零部件：_____

（4）耗材：_____

2. 更换轮毂轴承的操作步骤有哪些？

_____

_____

_____

四、实施

根据操作注意事项，回答下列问题。

1. 将车辆升起适当高度，用手旋转车轮。是否存在异响？_____（是/否）

2. 用_____工具压出转向节内的车轮轴承。

3. 更换后是否需要做四轮定位？_____（是/否）

五、检查

根据操作流程，对操作过程进行如下检查，并做好记录。

1. 检查原车轴承是否良好？_____（是/否）

2. 安装新轴承是否安装牢固可靠？_____（是/否）

续表

3. 车轮制动器是否安装牢固可靠？_____（是/否）

4. 车轮是否安装牢固可靠？_____（是/否）

5. 四轮定位是否准确？_____（是/否）

6. 更换完毕后，起动车辆，检查车辆是否正常？_____（是/否）

六、评估

序号	考核内容	配分	得分
1	工装	15	
2	检查、更换轴承过程	40	
3	作业后场地 5S 情况	25	
4	任务工单完成情况	20	

指导教师签字：_____

附录1 机动车外观检查表

附表1 机动车外观检查表

PGCJ/J16-1　　　　　　　检查日期：年 月 日

车辆单位						行驶线路	
车牌号码			厂牌型号			营运证号	
发动机号			车架号码		座位数	注册日期	

	序号	检测内容	检视结果	评价
车上外检项目	1	整车装备及标识		
	2	车架、车身、驾驶室外形与连接		
	3	车门、车窗、刮水器		
	4	司乘座椅		
	5	卧铺		
	6	行李架（舱）		
	7	安全出口、安全带		
	8	车厢、地板、挡泥板		
	9	车轮、轮胎		
	10	灯光数量、光色、位置		
	11	信号装置与仪表		
	12	灭火器		
	13	汽车和挂车侧面、后下部防伪装置		
	14	车内外后视镜，前下视镜		
车下外检项目	15	悬架装置		
	16	传动系、车桥		
	17	漏气、漏油、漏水、漏电		
	18	底盘异响		
	19	发动机异响		
	20	润滑		
	21	转向节及臂、横直拉杆及球销		
	22	螺栓、螺母紧固		
	23	制动装置（行车、应急、驻车制动）		
	24	行驶记录仪		

车上外检员签字：　　　　　年 月 日	发动机号拓印：
车下外检员签字：　　　　　年 月 日	
审核：　　　　　　　　　　年 月 日	车架号拓印：

注：(合格项：打√　　不合格项：打×　　未检项：打—)

附录2　车辆保养单

附表2　车辆保养单

故障车辆接待	车牌号码		车型		行驶里程		来店时间	日
	故障现象记录（用户陈述）				故障诊断结果记录			
	(1)				(1)			
	(2)				(2)			
	(3)				(3)			
	(4)				(4)			

维修保养项目	标准保养作业			其他保养作业		简单维修作业	
	□首保　　□间职1万公里　　□间职4万公里			(1)		(1)	
	□间职5千公里　□间职2万公里　□间职10万公里			(2)		(2)	
	（注：具体的保养作业项目请参见《保修手册》）			(3)		(3)	
	零部件			工时收费	零部件		工时收费
	项目	数量	收费		项目	数量	收费
	小计						
	预期收费		预期完工时间		预期交车时间	作业班级	作业工位
	¥　　　元		月　　日：		月　　日：		

实车确认

车身确认
- A—凹陷　　E—漆面划痕　　I—车身饰件锈蚀
- B—玻璃炸裂　F—漆面皲裂　　J—橡胶件破裂
- C—轮毂损伤　G—漆面脱落
- D—轮胎破裂　H—车身饰件脱落

是否洗车　□是　□否

驾驶室确认
内饰（正常划"√"，否则划"×"）
□顶棚　　□仪表板　　测量确认：
□音响　　□点烟器
□座椅　　□门饰板
□地毯　　□玻璃膜
异常情况描述：

后备厢确认
内饰（正常划"√"，否则划"×"）
□工具包　□千斤顶　□灭火器
□备胎　　□警示标志
异常情况描述：

贵重物品确认　　旧件交还　□是□否
□是　贵重物品清单：
□否
（注：车辆进入车间前请车主自行保管车内贵重物）

检测费说明：1.检查费用说明：本次检查出的故障如在本店维修。检查费用包含在修理费用内；
2.用户不在本店进行维修，请您支付本次检查费用：　　　元。

_____特约销售专营店　服务电话：_____　24小时救援：_____

接待员签名：_____　　　　　　　　用户签名：_____
联系电话：_____　　　　　　　　　联系电话：_____

工单填写说明

1. 在车辆接待时，汽车维修接待人员要记录下基本资料，包括车牌号码、车型、来店日期、客户姓名、客户联系电话，甚至需要记录下车主住址等信息。

2. 维修接待员在填写工单时一定要填写清楚。要记录清楚车辆的行驶里程、车身表面是否有划痕、记录燃油表读数、确认好后备厢随车工具和备胎是否正常、确认好驾驶室内内饰是否正常、贵重物品要确认并提示车主带走或寄存。

3. 汽车维修接待人员在填写维修保养项目前，应该先用草稿纸罗列出所有需要维护、维修的地方，包括必须的项目、客户要求项目、维修师傅建议项目。汽车维修接待人员将所罗列出来的清单交与客户过目，然后根据客户要求把最终客户选择的项目填写到工单上，并让客户签字。

4. 核实汽车维修费用和交车日期。制定出所有的作业项目之后，汽车维修接待人员要明确告知客户费用报价和交车日期。在工单中的费用一定要列出每项的明细，并且向客户解释费用的情况。

附录 3 模拟配件价格和工时费用

附表 3 参考价格表

一汽丰田—卡罗拉 1.6L/1.8L			
配件项目	保养间隔	配件价格 / 元	工时费 / 元
机油	5 千公里	266	50
机油滤清器	5 千公里	39	50
空气滤清器	1 万公里	66	10
空调滤清器	2 万公里	119	20
汽油滤清器	4 万公里	386	210
变速箱油	4 万公里	163	250
制动液	4 万公里	42	200
发动机冷却液	4 万公里	147	80
转向助力油	4 万公里	51	0
前制动片	依据实际使用情况	437	180
后制动片	依据实际使用情况	437	180
前制动盘	依据实际使用情况	640	400
火花塞	10 万公里	79	80